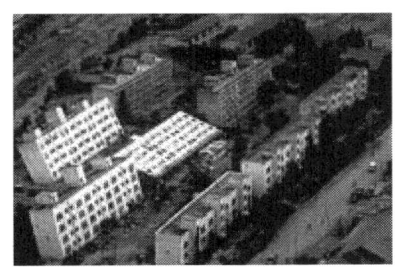

GESETZE DES CHAOS

EINE ASTROLOGISCHE ERDBEBENSTUDIE

von
Michael Meyer

Astrologon Verlag Hamburg

Originalausgabe

ISBN 3-8311-3538-X

INHALT

VORWORT

Das vorliegende Büchlein ist das Ergebnis einer astrologischen Studie zum Thema Erdbeben. Es kommt mir hier darauf an deutlich zu machen, dass es einen sichtbaren Zusammenhang zwischen Erdbeben und astrologischen Konstellationen im Bezug auf die Koordinaten des Epizentrums gibt. Die Ausbrüche finden tatsächlich zu astrologischen Schlüsselzeitpunkten statt, die wir erkennen wenn wir ein Horoskop auf den Augenblick des Ausbruchs und den Ort des Epizentrums machen. Auf diese Art lassen sich immer wiederkehrende astrologische Muster bei Erdbebenausbrüchen erkennen, die sogar einige Wissenschaftler stutzig machen sollten. Diese Erkenntnis stammt aus rein empirischen Beobachtungen. Die zugrundeliegenden Daten hierfür kommen nicht aus meiner eigenen Quelle, sondern von den Seismologen selbst, die sie nur nie auf diese Art, nämlich durch ein astrologisches System, beobachtet haben!

Die Seismologie hat gerade im letzten Jahrhundert große Fortschritte gemacht. Leider ist es bislang aber immer noch nicht möglich ein Erdbeben genau vorherzusagen. Wenn sich nun jedoch herauskristallisiert, dass die schweren Erdbeben tatsächlich gehäuft unter bestimmten astrologischen Konstellationen auftreten, sind wir was die zeitliche Vorhersage von Erdbeben betrifft schon einen großen Schritt weiter! Denn wenn sich nun herausstellt, dass die Bewegungs- und Kräfteverhältnisse innerhalb des Sonnensystems in einem engen Bezug stehen zur Bewegung der tektonischen Platten und zudem die Ausbruchszeitpunkte von Erdbeben widerspiegeln können, dann könnte man parallel zu den bisherigen Frühwarnsystemen diese Erkenntnisse in die Beobachtung mit einschließen.

Ich will hiermit nicht behaupten, dass perfekte System gefunden zu haben, aber das hat auch die Seismologie noch nicht, vielleicht weil jeder nur eine Hälfte der ganzen Wahrheit hat. Aber immerhin muss man ja irgendwo anfangen und ich habe etwas gefunden, was doch auffällig erscheint und sich somit möglicherweise als ein wichtiger Baustein zu dem, für ein solches exaktes System notwendigen, Wissen erweisen könnte. Die hier dargestellten Beobachtungen weiter zu erforschen ist in jedem Fall notwendig, mir persönlich fehlen hierzu leider die entsprechenden Mittel, aber ich halte es für meine Pflicht darauf aufmerksam zu machen. Möglicherweise kann dieses Wissen in Synthese mit den geologischen Erkenntnissen irgendwann wirklich helfen diese Katastrophen ganz genau vorherzuberechnen und viel menschliches Leid ersparen.

Michael Meyer

EINLEITUNG

Die hier untersuchten Fälle sind nur eine kleine Auswahl von Studienobjekte, es gab so viele Erdbeben auf der Welt, dass es vermutlich einige Menschenleben brauchen würde alle auszuwerten. Ich habe einfach anhand der mir zur Verfügung stehenden Mittel versucht möglichst viele, Fälle zusammen zu tragen, wobei für eine astrologische Analyse selbstverständlich Bedingung war, dass genaue geographische Positionen und die genaue Zeit für das Unglück bekannt waren. Weiterhin wollte ich mich auf solche Fälle beschränken, die ein gewisses Ausmaß erreicht hatten, so dass sie unauslöschlich in der Historie der Menschheit in Erinnerung bleiben und aufgrund der Bekanntheit auch für den nicht Geologen leicht zu recherchieren und überprüfen sind. Der Leser kann sich beispielsweise sehr leicht mittels Internet von der Echtheit der angegebenen Daten überzeugen. Die hier dargestellten Katastrophen sind allesamt auf verschiedensten Seiten mit verschiedensten Quellen dokumentiert. Einige interessante Links zum Thema und weiteres Studienmaterial können sie im Internet-Archiv auf den Webseiten des Verlages (www.astrologon.com) finden.

Langfristig gesehen wäre es sicherlich interessant auch Reihenuntersuchungen mit kleineren Erdbeben zu machen. Aber dies wäre in einem größeren Rahmen nur in Zusammenarbeit mit den Fachleuten möglich, die den entsprechenden Zugang auf die dafür nötigen Datenbanken haben. Diese Studien fortzuführen ist in jedem Falle sinnvoll, denn sicher könnte man irgendwann ein System erstellen, welches als Ergänzung und in Synthese mit den geologischen Methoden eine genaue Zeitbestimmung für den Ausbruch von Erdbeben ermöglicht. In einem gewissen Rahmen ist dies schon mit den hier dargestellten Techniken möglich, wenn auch dieses Werk in seiner vorliegenden

Form noch keinen Anspruch auf Vollständigkeit erheben kann.

Auch soll hier nicht nur auf das Kollektivereignis Erdbeben eingegangen werden, sondern ebenso auf das damit in Verbindung stehende Schicksal des von einer Naturkatastrophe betroffenen Individuums. Denn alles im Kosmos folgt Gesetzen, die Erde, Katastrophen und auch das persönliche Schicksal jedes einzelnen Lebewesens. Hierauf will ich gerade in unserer jetzigen Zeit, wo sich so viele Ereignisse überschlagen, aufmerksam machen. Jeder einzelne von uns trägt Verantwortung für alles was in seinem Erfahrungsfeld passiert. In der Tat spiegelt sich auch ein Ereignis mit kollektiver Bedeutung in jedem einzelnen, individuellen Horoskop der Betroffenen, wenn es einen so tiefgreifenden Bezug zu deren Schicksal hat.

Es würde mich ehrlichgesagt freuen, wenn ich es mit diesem kleinen Buch schaffen würde den Forschergeist des Lesers zu wecken im Feld der Astrologie selbst weitere Entdeckungen zu machen. Dieses Büchlein ist eine Einladung an alle, das astrologische Wissen durch weitere Studien zu untermauern und die Aussagen zu verfeinern. Die Grundlagen dafür, wie man die Synchronität bestimmter Konstellationen mit Erscheinungen und Ereignissen der objektiven Welt in Verbindung bringen kann, kann man sich in dem Kurs: *Einweihung in die spirituelle Astrologie von Eron* aneignen, welcher in gut sortierten Buchhandlungen oder über die Webseiten des Verlages bestellt werden kann.

In diesem Sinne ist dies ein Büchlein für Menschen, die sich davon überzeugen wollen, dass es einen Zusammenhang zwischen den Bewegungen im Sonnensystem und unserem irdischen Leben gibt. Und wenn es sein soll, wird es auch den einen oder anderen aufgeschlossenen Geologen erreichen, der an der Quelle zu den entsprechenden Datenbanken sitzt und somit die Möglichkeit hat, die gemachten Beobachtungen in einem noch größeren Rahmen zu überprüfen und zu verfeinern.

WAS IST EIN ERDBEBEN?

Bevor wir uns an die einzelnen Fälle machen sollten wir uns erst einmal darüber klar werden, was ein Erdbeben eigentlich ist? Was ist es wissenschaftlich gesehen und was ist es astrologisch gesehen?

Es soll hier nicht etwa behauptet werden, dass nur die Gravitationseinwirkungen der einzelnen Planeten den ausschlaggebenden Einfluss für den Ausbruch eines Erdbebens bilden müssen. Eine solche Behauptung wäre allein deswegen schon nicht tragbar, weil die Beobachtung zeigt, dass gerade die äußeren Planeten Uranus und Neptun eine Schlüsselbedeutung in den Horoskopen von Erdbeben haben, ebenso wie die Mondknoten, von denen keinerlei Gravitation ausgeht, die aber sehr wohl ein besonderes Verhältnis zwischen Sonne und Mond anzeigen.

Bekanntlich nimmt die Gravitation im Quadrat der Entfernung ab, dass bedeutet die Einwirkung der Gravitation auf einen anderen Körper ist um so schwächer, je weiter dieser entfernt ist. Das aber nun gerade die Planeten, die am weitesten entfernt sind immer wieder schwerpunktmäßig die Auslösung von Erdbeben anzeigen bedeutet, dass der astrologische Zusammenhang nicht direkt auf Gravitation zurückführbar ist. Andererseits lässt sich natürlich auch nicht abstreiten, dass in bestimmten Fällen die Gravitation anderer Himmelskörper einen entscheidenden Miteinfluss für den Ausbruch eines Erdbebens haben kann. Insbesondere die auf die Erde am stärksten einwirkende Gravitation unseres treuen Trabanten, dem Mond, sollte man nicht verkennen. Bekanntlich ist er nicht nur in der Lage gigantische Wassermassen in Ebbe und Flut zu führen, sondern hat selbstverständlich auch einen Einfluss auf die Gesamtheit der Materie auf unserer Erde, also auch auf Bewegungen von Gesteinsschichten. Wenn er das Meer bewegen kann, dann kann er auch die flüssigen Lavamassen im Erdinneren bewegen, auf denen die tektonischen Platten schwimmen. Somit müssen wir davon ausgehen, dass es auch so etwas wie unterirdische Gezeitenbewegungen im Erdinneren gibt. Möglicherweise geht vom Mond die Kraft aus, die in einigen Fällen die Spannung in Gesteinsschichten an den kritischen Punkt der Entladung führt. Zumindest gibt es eine ganze Reihe von Erdbeben, die sich in einer Vollmondphase auslösen! Weiterhin ist der Mond, wie wir anhand praktischer Beispiele noch sehen werden, auffallend oft in genau dem gleichen Tierkreisabschnitt, wie bei vorherigen Erdbeben am gleichen Ort! Wenn man hieraus auch noch keine feste Regel machen will, so sticht es als verstärkender Hintergrundeinfluss doch ins Auge. Auch ist es vom naturwissenschaftlichen Standpunkt durchaus sinnvoll zu bedenken, welchen Einfluss die Position der Sonne auf den Erdkörper ausübt. Einerseits im Bezug auf ihre Gravitation und andererseits gibt es den Sonnenwind, von der Sonne ausströmendes Plasma, welches hauptsächlich aus Protonen und Elektronen besteht. Der Sonnenwind bewirkt starke Störungen des erdmagnetischen Feldes. Auch die Erwärmung der oberen Gesteinsschichten zur Tageszeit und die Abkühlung in der Nacht könnte rein physikalisch von Bedeutung sein, zumindest ist es im Rahmen der von mir gemachten Untersuchungen auffällig, dass gerade viele schwere Erdbeben stattfinden, wenn die Sonne über dem Horizont steht. Zusammengefasst ist es für die Einwirkung auf Gesteinsschichten schlichtweg ein Unterschied, ob die Sonne aufgeht, über dem Bezugsort kulminiert, untergeht oder sich unterhalb eines Bezugsortes befindet. Dies können wir astrologisch anhand der Hausstellung erkennen. Weiterhin ist die Gravitation der Sonne so stark, dass sie unseren Erdkörper in seiner Umlaufbahn hält und nimmt somit zusammen mit der Eigenrotation der Erde einen entscheidenden Teil des Kräftehaushaltes ein, der auf unseren Planeten einwirkt und ohne Krafteinwirkungen, die Bewegungen verursachen, die dafür sorgen, dass sich Gesteinsschichten verschieben gäbe es keine Erdbeben! Wie können diese Bewegungen verursacht werden? Einerseits durch Vorgänge im Erdinneren, denn bekanntlich ist unsere Erde ja nicht einfach nur ein massiver Stein der im All herumschwirrt, sondern sie ist im Inneren flüssig und aus mehreren Schichten aufgebaut.

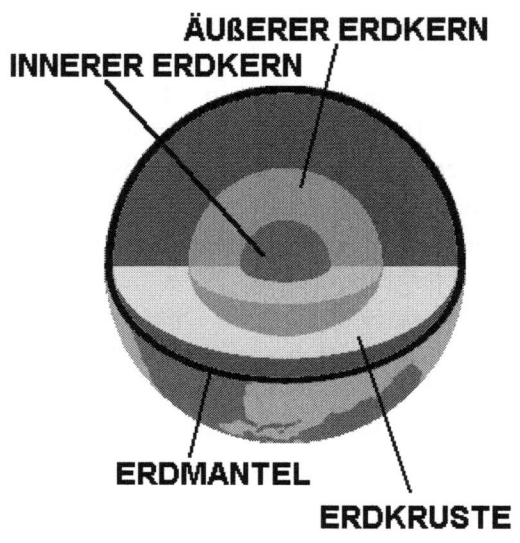

Dabei wird die Temperatur im Erdkern auf etwa 4500° geschätzt! Der innere Erdkern wird von einer ca. 2000 KM dicken, flüssigen Schicht ummantelt, die als der äußere Erdkern bezeichnet wird. Die nächste Schicht ist der hauptsächlich aus Gestein bestehende, ungefähr 2900 KM dicke Erdmantel. Erst darauf folgt die verhältnismäßig dünne Erdkruste, deren Dicke ca. 100 KM beträgt, unter dem Ozean sogar bis zu nur 5 KM. Durch den heißen Kern kann es nun zu vulkanische Aktivitäten kommen, die auch auf die oberen Gesteinsschichten einwirken. Die Erdkruste ist in verschiedene Platten zerbrochen, diese schwimmen quasi auf dem glühendflüssigen Erdinneren. Auch die Kontinente bewegen sich aus diesem Grunde geringfügig. Wenn man sich die Form der einzelnen Kontinente ansieht, kann man auch erkennen, dass sie offensichtlich ursprünglich einmal eins waren und über die Jahrtausende langsam auseinander gewandert sind.

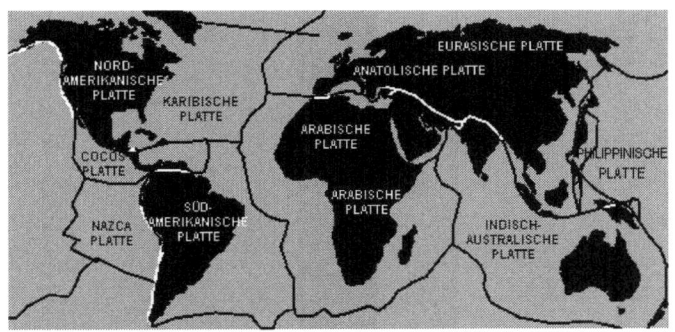

Die Erdkruste ist aus 15 sogenannten tektonischen Platten aufgebaut.

Inseln und die Kontinente finden wir dort, wo sich diese Platten über den Meeresspiegel erheben. Wenn sich nun die Ränder dieser Platten bei ihrer Bewegung ineinander verkanten, entsteht eine enorme Spannung, die sich erst dann lösen kann, wenn die Platten sich ruckartig in entgegengesetzte Richtung bewegen. Dies wird dann als Erdbeben erfahren. Daher finden schwere Erdbeben auch immer nur in bestimmten Gebieten statt, die man in etwa aus den Grenzverläufen der obigen Grafik entnehmen kann.

Da in der Welt alles Gesetzen folgt, kann es nicht zufällig zu den Bewegungen der Platten kommen. Folglich kann der Augenblick, in welchem die Spannung den kritischen Punkt erreicht, wo es zu dieser ruckartigen Bewegung der Platten kommt nicht willkürlich sein. Hier genau liegt der Schlüssel zur genauen zeitlichen Bestimmung von Erdbeben! Denn erkennt man die Kräftedynamik, Bewegungsrichtungen und Gezeiten der Plattenbewegungen genau, so kann man auch vorherberechnen wann die Spannung zu einem Erdbeben gegeben sein wird.

Die vulkanischen Aktivitäten im Erdinneren sind nicht die einzige Ursache für die Verschiebung der tektonischen Platten. Diese Bewegungen, ja sogar ein Teil der Ausdrucksweise der vulkanischen Aktivitäten selbst, werden durch kosmische Einflüsse mit verursacht, von denen bislang nur ein Bruchteil erforscht wurde. Die Kräfte, die

11

unsere Erde ständig um die Sonne kreisen lassen, welche die Macht hat unser gesamtes Sonnensystem mit all seinen Planeten und Himmelskörpern als Einheit zusammenzuhalten können nicht so gering sein, dass unsere verhältnismäßig kleine Erde davon nicht beeinflusst werden würde! Die Planeten, die in der Astrologie als Analogien und Ordnungsrepräsentanten innerhalb dieses Systems fungieren, können uns wie die Zeiger einer Uhr Schlüsselzeitpunkte für alle Entwicklungen auf unserem Planeten geben. Dies kann durch jeden Einzelnen überprüft werden, der bereit ist sich fundiert mit der Astrologie auseinander zu setzen. Somit erklärt sich der Einfluss der äußeren Planeten nicht durch Gravitation allein, sondern vielmehr durch die Widerspiegelung eines Prinzips innerhalb eines in sich geschlossenen Systems, nämlich unseres Sonnensystems in das wir „organisch" eingebunden sind und dessen Gesetzen wir unterliegen. Dieser Zusammenhang lässt sich in der Tat besser durch die Wissenschaft der Kybernetik erforschen, als über Physik. (*siehe: Einweihung in die spirituelle Astrologie*)

Jedoch muss trotz all dieser Gedankengänge mit Nachdruck betont werden, dass der Schwerpunkt der astrologischen Signifikanz lediglich als Auslöser, nicht als alleinige Ursache für ein Erdbeben gesehen werden kann. Schließlich treten bestimmte astrologische Konstellationen ja auch an Bezugsorten auf, wo es nie Erdbeben gegeben hat! Ohne die oben beschriebenen geologische Voraussetzungen, Gesetzmäßigkeiten und Einflüsse gibt es natürlich kein Erdbeben. Diese Einflüsse sind jedoch wie alles im Kosmos dem Faktor der Zeit und Rhythmik unterworfen. Spannungen bauen sich in Gesteinsschichten auf und entladen sich in bestimmten Augenblicken und zwar eben nur in ganz bestimmten Augenblicken, die sich durch astrologische Gesetze widerspiegeln, die wir nur richtig zu lesen lernen müssen!

Astrologie ist in dieser Hinsicht ein hervorragendes Instrument der Zeitmessung, da es sich direkt an der Natur orientiert, welche die Zeit im Grunde ja erst durch diese Entwicklungen und Bewegung hervorbringt. Würde die Erde sich nicht um sich selbst drehen, gäbe es keinen Wechsel von Tag und Nacht, würde sie nicht um die Sonne kreisen, so gäbe es keine fortlaufende Entwicklung der Jahreszeiten. Würden die Elektronen nicht um die Atomkerne kreisen, dann gebe es noch nicht einmal dass was wir in unserer Alltagswahrnehmung als feste Materie bezeichnen. Keine Bewegungen, keine Zeit. Alle Werdeprozesse sind den Gesetzen der Zeit unterworfen, die durch die kosmischen Bewegungen vom kleinsten Atom, über die Bewegungen in unserem Sonnensystem bis hin zu den fernsten Galaxien verursacht werden und anhand der Astrologie mit den Ereignissen in Bezug gesetzt werden.

Aus den Beobachtungen der Mundanastrologie und der Stundenastrologie wissen wir, dass Planeten sich astrologisch besonders dann auslösen, wenn sie durch eine der beiden Hauptachsen des Horoskops berührt werden. Weiterhin wissen wir, dass die Stärke eines astrologischen Einflusses in den verschiedenen Häusern unterschiedlich ist.

Die Hauptachsen bilden sich zum einen aus den gegenüberliegenden Punkten von Aszendent und Deszendent und zum Zweiten durch die ebenfalls gegenüberliegenden Punkte von Imun Coelie und Medium Coelie. Das bedeutet im Klartext, dass sich ein astrologischer Einfluss dann auslöst, wenn ein Planet oder entsprechender Deutungsfaktor durch die Rotation der Erde in einem bestimmten Verhältnis zu dem jeweiligen Bezugsort steht.

Am Aszendenten oder Deszendenten steht er direkt am Ost-Horizont oder West-Horizont, d. h. er geht gerade auf oder geht gerade unter. Am Medium Coelie oder Imun Coelie kulminiert der Planet oder steht an seinem tiefsten Punkt unter der Erde im Bezug auf den entsprechenden Ort betrachtet. Doch dies soll hier genügen, denn ich vermute gewisse astrologische Grundkenntnisse beim Leser, wenn er sich ein so spezielles Buch kauft. Selbstverständlich kann aber auch der mit der Thematik nicht vertraute sich einarbeiten und dies vielleicht zum Anlass nehmen, mehr über die Astrologie zu lernen.

Es geht hier also nicht darum die Erklärungslücke zwischen Naturwissenschaft und Astrologie zur Zufriedenheit alteingesessener Schulwissenschaftler zu schließen. Es geht vielmehr darum herauszuarbeiten, dass einfach eine auffällige Häufung von bestimmten astrologischen Gegebenheiten mit den Ausbrüchen von Erdbeben einhergeht, ob man das nun wahr haben will oder nicht. Die beobachteten Sachverhalte drängen sich zu sehr auf, als das man sie einfach verwerfen darf.

Ich überlasse es dem Leser selbst nach Betrachtung der vorliegenden Fälle zu entscheiden ob man wohl mit Sicherheit sagen kann, dass ein signifikanter Zusammenhang zwischen dem Ausbruch von Erdbeben und astrologischen Konstellationen vorhanden ist. Ich denke die Tatsachen sprechen für sich und jeder kann sich jetzt selbst davon überzeugen. Kommen wir zurück zu den derzeitig gesicherten wissenschaftlichen Erkenntnissen.

Vom naturwissenschaftlichen Standpunkt aus betrachtet kann ein Erdbeben unterschiedliche Ursachen haben. Wir können hier zwischen natürlichen und vom Menschen direkt verursachten Erdbeben unterscheiden. Die natürlichen Erdbeben werden, wie bereits angedeutet, in der Regel von unterirdischen Massenverlagerungen, Verschiebungen von Gesteinsschichten verursacht, selten aber auch durch Meteoriteneinschläge. Vom Menschen verursachte Beben können unter anderem aufgrund von Atomversuchen, Sprengungen und Rohstoffabbau in Bergwerken verursacht werden. Auch Kriege in Erdbebengebieten, wie zur Zeit in

Afghanistan, können ein Auslöser sein. Da durch die ständige Bebombung die Gesteinsschichten praktisch „gereizt" werden.

Die Stärke eines Erdbebens wird in Magnitude gemessen, eine Maßeinheit, die 1935 von Charles Richter in Kalifornien eingeführt wurde. Die Magnitude stellt einen logarithmischen Wert für die am Erdbebenherd freigesetzte Schwingungsenergie dar. Die Skala reicht von 0,1 bis 10. Das heißt also ein Erdbeben der Stärke 7 ist zehn mal so stark, wie ein Erdbeben der Stärke 6, gleichzeitig hundert mal stärker als ein Beben der Stärke 5 und tausend mal stärker als ein Beben der Stärke 4. Diese Stärken können durch Seismographen gemessen werden.

Wie enorm empfindlich diese Seismographen sind, beweist ein Vorfall 1995 als über 20.000 vor Begeisterung hüpfende Fans der Popgruppe Oasis im Londoner Earls's Court während eines Konzertes ein leichtes Erdbeben auslösten, welches zwar nicht zu spüren war, aber für die hochempfindlichen Messgeräte der Geologen durchaus messbar. Ähnlich verrückt scheint ein Versuch, der in Großbritannien gemacht und unter dem Namen Giant Jump bekannt wurde. Am 07.09.2001 versuchten etwa eine Million Kinder in ihren Schulen, in Wissenschaftszentren und in Museen um 11:00 Uhr Ortszeit eine Minute lang durch auf- und abspringen ein Erdbeben auszulösen. Immerhin schafften sie es die Messgeräte bis auf eine Stärke von 3 auf der Richterskala zum Ausschlag zu bringen. Erstaunlich, wenn das Gehüpfe einer Gruppe kleiner Menschenwesen schon zu solchen Einflüssen führt, dann ist es gar nicht auszudenken was es unter Anbetracht dieser Daten bedeutet, wenn Sprengungen oder Atomversuche gemacht werden. Oder Bombenabwürfe in Erdbebengebieten, wie die Spannung in den Gesteinsschichten möglicherweise ohnehin schon geladen ist.

Um zu verstehen wie ein natürliches Erdbeben entsteht, kann man sich die Erdkruste in, die bereits erwähnten, tektonischen Platten zerlegt vorstellen. Die Platten werden durch Konvektionsbewegungen im darunter liegenden Erdmantel bewegt. An einigen Stellen werden diese Platten dabei gegeneinander gepresst, dadurch bauen sich Spannungen auf. Wenn der kritische Punkt erreicht ist, bricht das Gestein. Die dabei entstehenden Erschütterungen erfahren wir als Erdbeben. In kleinerer Form passiert dies praktisch täglich, nur in besonders starken Fällen kommt es zu einer Katastrophe.

Man muss sich also darüber im klaren sein, dass es regelmäßig zu Beben kommt auf unserer Erde. Wir hören in der Regel natürlich nur davon, wenn ein solches Beben eine bestimmte Stärke hat und es zu zerstörerischen Auswirkungen in Wohngebieten und zu Todesfällen kommt. Dies ist dann natürlich, glücklicherweise wiederum nicht ganz so häufig der Fall. Die folgende Tabelle zeigt einen statistischen Durchschnittswert für die Häufigkeit des Erscheinens von Erdbeben.

Magnitude	Anzahl durchschnittlich pro Jahr
8	0 – 1
7	10 - 20
6	20 – 50
5	700 – 800
4	6000 und mehr
3	50.000 und mehr
2	1000 pro Tag
1	8000 pro Tag

Wir sehen also, die Erde sie bebt ständig,
ist rege und lebendig.

Man kann vielleicht verschiedener Meinung sein, ob man Erschütterungen der unteren Stärkegrade auf der Richterskala überhaupt in unsere Auswertungen mit einbeziehen will, wo uns doch die hüpfenden Engländer mit dem Giant Jump Versuch gezeigt haben, wie leicht man auf einen Wert von 3 kommen kann. Für größere Reihenuntersuchungen, wäre es sicher interessant, ob auch für leichtere seismische Aktionen eine Beziehung zu den Entsprechenden Konstellationen besteht, auf die wir in diesem Buch zu sprechen kommen werden. Fakt ist aber einfach, dass leichtere Beben regelmäßig vorkommen.

In diesem Buch sind nur Beispiele aufgeführt, die einschneidende Bedeutung für die vor Ort lebenden Menschen hatten und mindestens eine Stärke um 6 auf der Richterskala erreichten.

KATASTROPHEN ALS WENDEZEITPUNKTE

Vor dem Geist der reinen Natur betrachtet, ist ein Erdbeben an sich nichts schlechtes, oder schlimmes. Es ist ein ganz natürliches Ereignis, welches für den Kräfteausgleich in der Natur notwendig ist. Es passiert einfach. Das dieses Ereignis sich für die Menschenwelt oft als Katastrophe manifestiert steht auf einem anderen Blatt. Nach hermetischem Gesetz kommt ein Ereignis dann, wenn die Notwendigkeit dafür gegeben ist, es wird angezogen und diese Aussage stimmt für alle Ebenen. Also auch für die des menschlichen Erlebens einer Katastrophe mit dem für Menschen üblichen Bedeutungsprojektionen. Das heißt ein Erdbeben wird durch das kollektiv der Betroffenen angezogen, oder besser ausgedrückt ist ein Teil ihres gemeinsamen Schicksals. Es wäre sicher falsch zu sagen das Kollektivbewusstsein sei die eigentliche Ursache für die Katastrophe, vielmehr gibt es eine Kongruenz zwischen der Beschaffenheit des Kollektivbewusstseins und den erfahrenen Ereignissen. Dies

17

gilt natürlich auch auf individueller Ebene. Wir kennen ja alle diese Geschichten von Leuten, die kurz vor dem Flugzeug noch umgekehrt sind, weil sie ein komisches Gefühl hatten und später stellte sich heraus das der Flug verunglückte. Oder auch Menschen, die den starken Drang hatten einen bestimmten Ort schnell zu verlassen, an dem es kurze Zeit später zu einem Unglück kam. Wenn ein Individuum nicht in ein Erfahrungsmuster passt, verlässt es vorzeitig den Ort der Katastrophe oder hält sich eben nicht dort auf, oder bleibt trotz seines Aufenthaltes unversehrt. Es wird gewissermaßen abgestoßen von den Energien, die sich im Fluss der Zeit entfalten werden.

Gerade für die wissenschaftlich denkenden Menschen ist es wichtig zu verstehen, dass diese Aussage eine eigene, aber ebenso reale Wirklichkeitsebene hat, parallel und ergänzend zu den schulwissenschaftlichen Vorgängen eines Erdbebens. Parallel deswegen, weil sie eine völlig andere Ebene anspricht. Sie steht viel mehr für das was die Menschen durch ein solches Beben durchmachen und erfahren müssen. Diese für viele neue Perspektive fügt das hinzu, was für das Verständnis der menschlichen Entwicklung notwendig ist.

Betrachten wir uns das Verhalten von Tieren, dann stellen wir fest, dass viele Arten schon vor dem Eintreten eines solchen Naturereignisses die Gefahr förmlich wittern und versuchen sich vom Gefahrenherd zu distanzieren. Auch dem Menschen ist dieser natürliche Instinkt grundsätzlich Zugänglich. Genau wie wir gerne in einen warmen Raum gehen, wenn uns kalt ist, so wählen wir unseren Aufenthaltsort gemäß der Beschaffenheit unserer Persönlichkeit und unserer unbewussten Anlagen. Das soll heißen, all die Prägungen und Charakterzüge, die uns ausmachen bilden hierfür die Grundlage. Fühlen wir uns irgendwo wohl und zuhause, dann ist unsere Umgebung in Kongruenz mit unserer Persönlichkeit und unserem Schicksal. Ist dies nicht der Fall, dann werden wir den Drang nach Veränderung spüren, dann wird die kardinale

Energie in uns angeregt. In der Tat wird sich dieses Ereignis auch in jedem einzelnen Geburtshoroskop der betroffenen Personen widerspiegeln! Nämlich genau auf die Art, die ihren individuellen Bezug zu dem Unglück widerspiegelt. Wenn Jemand Zugang zu entsprechendem und nachweislich, zuverlässigem Material diesbezüglich hat, sprich Geburtshoroskope von Betroffenen, bin ich auch gerne bereit hierfür nach den Regeln der Astrologie den Beweis anzutreten.

Damit soll hier nur zum Ausdruck gebracht werden, dass es kein einziges Opfer gibt, welches sich zufällig an einem Katastrophenort aufhält! Es gibt eine Entsprechung dafür in seinem Bewusstsein und eine Erfahrungsnotwendigkeit innerhalb seiner Persönlichkeit.

Wer sich über diese Aussage aufregen möchte, sollte einen Moment die Luft anhalten und überlegen was dies im Umkehrschluss für uns bedeuten kann! Es heißt nicht mehr und nicht weniger als, dass jeder Einzelne Verantwortung übernehmen kann für sich selbst und auch für das was ihm von außen begegnet, selbst wenn es Ereignisse betrifft, die er scheinbar nicht direkt selbst beeinflussen kann. Daher ist diese Aussage ein großes Geschenk, keine Verhöhnung verunglückter Schicksale.

Wie bereits angedeutet, hat die Erfahrung einer solchen Katastrophe für jeden Einzelnen eine ganz individuelle Bedeutung. Einige mögen ihr Leben verlieren, andere kommen unversehrt davon, sind aber obdachlos, oder verlieren einen geliebten Menschen, wieder andere kommen ganz ohne Schaden davon. All dies richtet sich ganz nach dem persönlich notwendigen Schicksalserfahrungen. Für einige Opfer kann ein solches Erlebnis ein wichtiger Wendepunkt im Leben sein. Steht man doch möglicherweise vor einem kompletten Neuanfang zu dem einen sonst einfach der Mut oder der Anlass gefehlt hätte. So gibt es

Menschen, die aus einer solchen Katastrophe im Nachhinein paradoxer Weise nur Gutes gezogen haben!

Vom astrologischen oder viel besser gesagt vom hermetischen Standpunkt aus betrachtet ist die Grundnotwendigkeit einer solchen Katastrophe die Zerstörung alter Strukturen. Kräfte müssen neu geordnet werden. Wirklich betroffen ist nur das, was sich starr den Kräften entgegensetzt. Im physischen ist dies die starre Erde, starre Bauten und materielle Hindernisse. Im Kollektiven der Menschen, die in einem von einer solchen Katastrophe betroffenen Gebiet leben sind es starre Lebensstrukturen und verhärtete Geisteshaltungen, die aufgebrochen werden müssen. Kurzum alles was astrologisch dem Prinzip des Saturn zuzuordnen ist. Es wird durch die Zerstörung des Alten die Basis für neues geschaffen. Wir erkennen hier in der astrologischen Symbolik auch sofort einen Zusammenhang mit dem Prinzip des Uranus, welcher bekanntlich Grenzen durchbrechen will, aber auch der Planet Neptun spielt hier eine entscheidende Rolle. Im Gegensatz zu Uranus weicht Neptun die alten Formen auf. Er ist sanfter in seiner Wirkung als Uranus, wirkt aber ebenso entgrenzend. Während für Uranus die Schlüsselworte Erneuerung und revolutionärer Durchbruch stehen, so sind die Schlüsselworte für Neptun Entspannung Los- und Auflösung. In beiden Fällen jedoch geht es darum, feste Grenzen und Verhärtungen zu überwinden, die in der Weiterentwicklung des Lebens als Hindernisse im Weg stehen. In diesem Zusammenhang ist der Grundgedanke vieler Religionen, dass Gott die Menschen durch eine Katastrophe straft verständlich, wenn auch vom Standpunkt höheren Wissens nicht tragbar, denn schließlich ist es der Mensch selbst der sich straft. Es ist schlicht und einfach der Mensch selbst und das Naturgesetz, dass er sich entweder zu Nutze machen kann, oder gegen dass er verstößt, um sich selbst zu schaden. Auf diese Art strafen oder belohnen wir uns von selbst, auch wenn dies oft weitgehend unbewusst geschieht. Doch wollen wir andere nicht maßregeln, denn wie sagt schon ein altes chinesisches Sprichwort:

Bevor du dich daran machst die Welt zu verändern gehe drei mal durch dein eigenes Haus.

Wir müssen also bei uns selber anfangen, denn dieses Aufbrechen starrer Lebensstrukturen passiert auch ohne Erdbeben. In jedem einzelnen Menschenleben. Es ist ein Grundprinzip lebendiger Entwicklung, welches durch vielerlei Varianten im persönlichen Lebenslauf ausgelöst werden kann. Ja selbstverständlich auch auf einer nur individuellen Ebene. In einem kleineren Rahmen hat dies vermutlich jeder Leser schon einmal erlebt. In der Regel nämlich dann, wenn wir an einem Punkt der Stagnation angekommen sind. Dann kommt von außen ein Ereignis, welches auf einmal alles verändert.

Ein Bespiel dafür ist ein Freund von mir, der schon seit längerer Zeit in einem festgefahrenem Lebensmuster lebte. Eines Tages rief er mich an, es war der 24.09.2001, um genau zu sein, und das erste was er mir sagte war:

„Du, die CD's die du mir geliehen hast, die kann ich dir nicht zurückgeben."

„Wieso das denn nicht?", fragte ich.

„Naja, die sind ein wenig verkohlt", antwortete er.

„Wie ist das denn passiert."

„Die lagen auf den Büchern."

„Auf welchen Büchern?"

„Na die, die verbrannt sind!"

21

„Dir sind Bücher verbrannt, wie hast du das den gemacht?"

„Ich weiß nicht, ich nehme an die sind vom Regal angesteckt worden!"

„Dein Regal hat gebrannt?"

„Um genau zu sein ist erst der Fernseher explodiert und dann hat das Regal gebrannt."

„Zum Glück ist nichts schlimmeres passiert."

„Naja, eigentlich ist die ganze Wohnung ausgebrannt!"

Natürlich musste ich trotz der delikaten Lage meines Freundes, aufgrund dieser Schilderung und seiner humorvollen Offenbarung, lachen. Sie sehen, mein Freund hatte sich selbst nach diesem Unglück seinen Humor bewart. Die wohl gesündeste Einstellung um mit Katastrophen umzugehen. Er sagte zu mir, ich habe erst mal dich angerufen, weil ich sonst niemanden kenne, der weiß was hier eigentlich wirklich passiert ist. Ich werde überall nur mit Mitleid überschüttet, dass ist ja eigentlich gut gemeint, hilft mir aber nicht im geringsten weiter und ich will mich davon nicht runterziehen lassen. Niemand dieser Leute versteht, dass ich in dieser Situation eine neue Herausforderung sehen will. Jeder andere würde mich für verrückt halten, aber irgendwie habe ich das glaube ich gebraucht. Also machten wir uns einen Spaß daraus die verkohlten Überreste seines Inventars in Müllsäcke zu stopfen und fantasierten über die vielen Möglichkeiten die er doch nun hatte. Auswandern als japanischer Bettelmönch, eine Kariere als Landstreicher beginnen oder in die Fremdenlegion gehen, was für einen Pazifisten dann vielleicht doch eine nicht ganz so gute Idee war. Er zog es dann vor vorerst zu seinem Vater zu ziehen und sich eine neue Wohnung zu suchen.

22

Markanter Weise brach das Feuer aus kurz nachdem er die Wohnung verlassen hatte. Er war also gerade weit genug entfernt, um nicht persönlich verletzt zu werden, aber auch zu weit um zu diesem Zeitpunkt in irgendeiner Form einzugreifen. Man könnte sagen, dass perfekte Timing des Katastrophensuchers. Als ihn der Anruf der Feuerwehr im Büro erreichte, war es schon zu spät. Sein Chef gab ihm sofort frei, er kam nach Hause und war schockiert. Da stand er nun vor einer komplett ausgebrannten Wohnung. Sein einziger verbleibender Besitz bestand aus der Kleidung, die er noch auf dem Leibe trug, auch eine Versicherung hatte er nie abgeschlossen, so dass sein gesamter Besitz nun offensichtlich ersatzlos im Nirvana verschwunden war. Der auf Stand By gestellte Fernseher hatte offensichtlich einen Kurzschluss gehabt und fing, wie von Geisterhand entzündet, an zu brennen. Ihm war von Anfang an klar, warum im höheren Zusammenhang dieses Ereignis für ihn notwendig war. Dieser äußerte sich vor allem darin, dass sehr viele Dinge an denen er übertrieben hing in diesem Feuer verbrannten. Bücher, Bilder, Briefe, Erinnerungen, die ihn im Grunde immer aufgehalten hatten weiter Vorwärts zu schreiten und in die Zukunft zu blicken.

Nach dem ersten Schock durch den Anblick der total ausgebrannten und verwüsteten Wohnung nutzte er mit Humor und guter Laune die Situation vor der kreativen Leere zu stehen und kam auf den Gedanken, dass Feuer doch etwas reinigendes hat.

In der Tat war dieses Ereignis ein wichtiger Wendepunkt in seinem Leben. Obwohl er finanziell eigentlich völlig abgebrannt war, schuf er sich nach dieser persönlichen Katastrophe ein neues Leben. Freunde halfen mit Geschenken von Kleidung und den notwendigsten Gebrauchsgegenständen und nach einigem suchen fand er sogar seine Traumwohnung.

„Schon immer habe ich dieses Bild im Kopf gehabt, in einer Wohnung zu leben, in welcher ich über die ganze Stadt blicken kann. Es hat zwar einige Kämpfe gekostet und ich musste erst einmal ordentlich vor den Kopf gestoßen werden, aber letzten Endes ist jetzt mein Traum dadurch erst wahr geworden!"

Er hatte in dieser Zeit nicht nur ein wunderbares Beispiel menschlicher Solidarität erfahren, was sicherlich mehr wert ist als alles Geld der Welt, er wohnt heute genau in der Traumwohnung mit Ausblick über die ganze Stadt, die er sich immer gewünscht hat und ist im Grunde genommen froh. Sein Wunschbild hat sich verwirklicht, aber dafür war in seinem Fall ein einschneidender Eingriff von außen notwendig. Erst neulich sagte er zu mir: „Die Vorstellung, dass ich immer noch da wohnen würde, in meiner alten Umgebung ist geradezu abstoßend für mich. Gott sei Dank hat die Natur eingegriffen und mich befreit. Ich wäre alleine aus Bequemlichkeit wohl nie da weg gekommen. Wenn ich es jetzt vier Monate nach dem Unglück alles Revue passieren lasse, so kann ich nur sagen geht es mir rundum viel besser. Von der Wohnung, über den ganzen Krimskrams, den Arbeitskollegen mir geschenkt haben, bis hin zu einer kompletten super Hifi-Anlage, die mein Bruder mir schenkte und die tausend mal besser ist als das alte Ding was mir abgebrannt war. Alles hat sich nur verbessert!"

Es gibt bekanntlich immer verschiedene Möglichkeiten mit einer Krise umzugehen, natürlich hätte mein Freund auch in eine Depression verfallen und abrutschen können, aber er hatte unbewusst ein altes Gesetz der Hermetik angewendet und das scheinbar Negative in Positives verwandelt, weil er sein Bewusstsein nicht auf Negatives ausrichten wollte. Auf diese Art können wir jedes Ereignis, wie negativ es uns auch im ersten Moment erscheint, als Triebfeder nutzen, um unsere Zukunft positiv zu formen und daran zu wachsen.

Kommen wir zur astrologischen Seite. Natürlich muss sich so ein Ereignis immer auch im Geburtshoroskop wiederfinden! Wenn es hier auch nicht direkt um ein Erdbeben geht, so ist eine Ähnlichkeit vorhanden im Bezug auf die Situation und Lernaufgabe in der sich viele Erdbebenopfer nach einem Unglück oft befinden können. Da die genauen Daten zu diesem Fall bekannt sind, wird es den astrologieinteressierten Leser sicherlich reizen diesen Vorfall einmal astrologisch zu durchleuchten und das möchte ich ihnen selbstverständlich nicht vorenthalten.

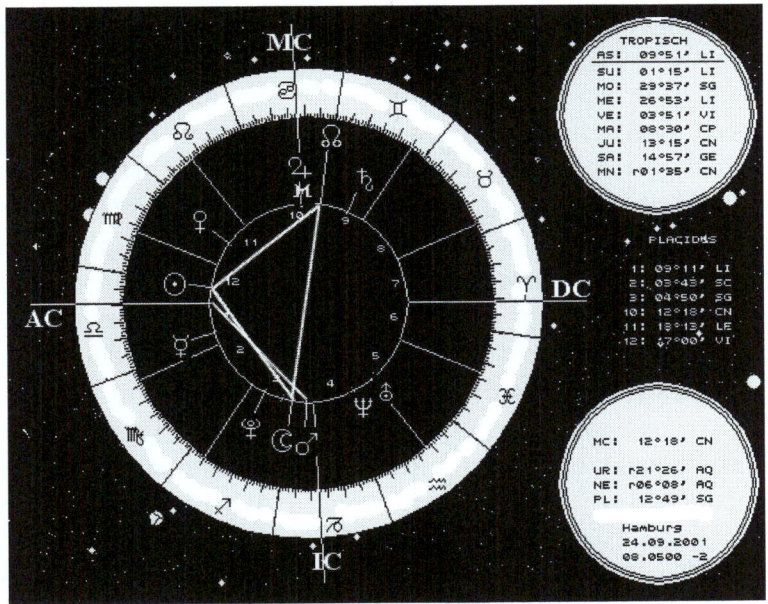

Horoskop des Wohnungsbrandes

Betrachten wir diese Konstellation einmal in sich. Ist das Horoskop des Augenblicks, als das Feuer ausbrach. Wir sehen, dass der Mars dicht am IC im exakten Quadrat zur AC-DC-Achse steht. Dieses Quadrat zeigt eine gewisse Handlungsunfähigkeit. Das IC ist der Beginn des 4. Hauses, welches für Wohnungen und das Zuhause eines Menschen steht. Mars ist astrologisch das Symbol für Feuer, Aggression und Zerstörung. Der Mond in applikativer Konjunktion zum absteigendem Mondknoten drückt

25

bekanntlich Frustration aus. Die allgemein gespannte Lage zeigt sich aber auch durch das T-Quadrat zwischen Sonne, Mond und Mondknotenachse. Der aufmerksame Beobachter sollte jedoch nicht die Konjunktion des Jupiters mit dem MC übersehen. Steht ein Planet so dicht in Bezug zu einer Hauptachse, zeigt sich dadurch immer, dass er eine Schlüsselbedeutung für das Ereignis hat. Das MC zeigt uns das Ziel an, welches sich aus diesem Augenblick entwickeln soll. Dieses ist in diesem Zusammenhang in der Tat Befreiung und hängt sehr eng zusammen mit der persönlichen Entwicklungsphase, die mein Freund gerade durchmachte. Denn wie wir gleich sehen werden hat der transitierende Jupiter auch im Geburtshoroskop von Jens einen ganz besonderen Einfluss, der nur alle 12 Jahre im Leben vorkommt. Gehen wir also zu seinem persönlichen Horoskop über, denn noch viel interessanter ist es diese Transitkonstellation in Bezug zum Geburtshoroskop des Leidtragenden zu betrachten. Denn schließlich gilt diese Konstellation ja für alle, die zu diesem Zeitpunkt an diesem Ort waren und nicht jedem ist die Wohnung abgebrannt. Zu recht wird ein nicht geschulter Kritiker einwenden, dass Mars ja schließlich jeden Tag zwei mal ein Quadrat zur AC-DC-Achse macht und es nicht jeden Tag brennt. Entscheidend ist jedoch, dass wenn es brennt, dies sich einerseits im Transit selbst zeigt und andererseits einen deutlichen Bezug zum Geburtshoroskop des Betroffenen hat. Erst im Zusammenhang mit dem Geburtshoroskop können wir die Lage im Bezug auf ein persönliches Schicksal durchschauen. Denn alle unsere Lebenserfahrungen spiegeln sich in den kosmischen Gezeiten wieder.

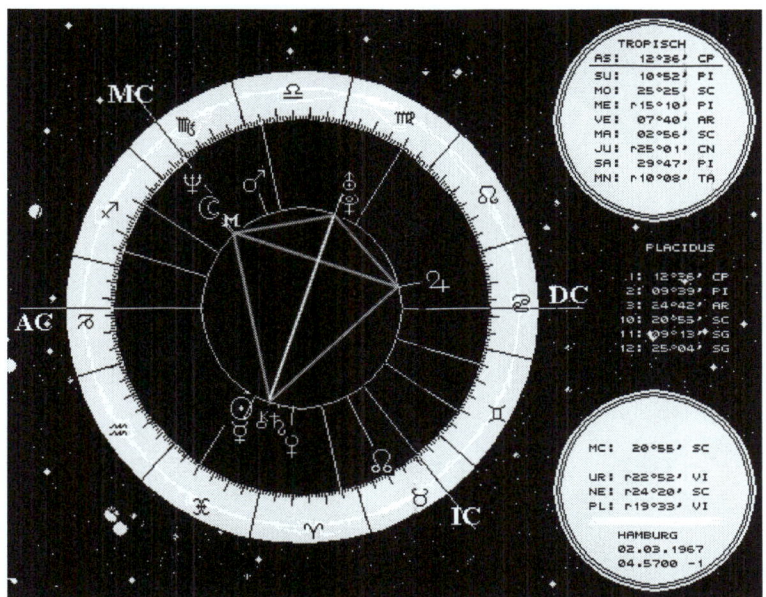

Das Geburtshoroskop von Jens

Im Geburtshoroskop sehen wir, dass die Spitze des 4. Hauses im Zeichen Stier liegt. Demzufolge ist Venus Herrscher dieses Hauses, diese finden wir im Feuerzeichen, des kardinalen Kreuzes, im Widder. Die Wohnung eines Menschen wird in der traditionellen Astrologie durch das 4. Haus und seinen Herrscher symbolisiert. Wird Jemand so plötzlich mehr oder weniger Obdachlos, muss hier eine Störung vorliegen, also sollten wir einen Blick auf das Radix-Horoskop in Verbindung mit den zu diesem Zeitpunkt akuten Transiten werfen. Denn erst durch die Wechselwirkung zwischen Geburtshoroskop und zu einem bestimmten Zeitpunkt aktuellen Konstellationen wird die entsprechende Lebenssituation, bzw. das Ereignis zu diesem Zeitpunkt in Bezug auf das Individuum verständlich.

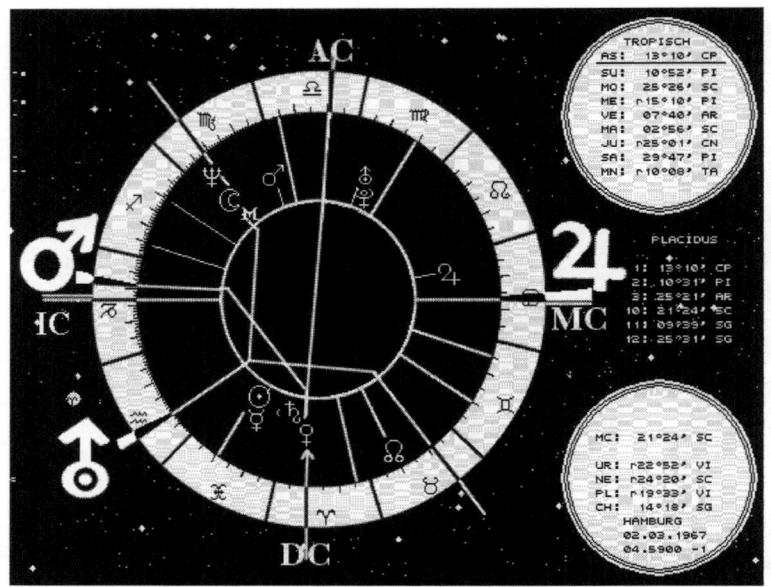

Außen groß die Transitfaktoren, innen die Aspekte zu den Radix-Planeten.

Hier sehen wir nun das Geburtshoroskop mit den groß eingezeichneten Transitplaneten, zuzüglich Transit-Hauptachsen, welche die Auslösung des Brandunglücks im Horoskop wiederspiegeln. Innen sehen wir die Aspekte der Transit-Planeten zum Geburtshoroskop. Der Transit-Uranus macht also zum Zeitpunkt des Ausbruchs ein gradgenaues Quadrat zur Radix-MC-IC Achse. Uranus ist ein sehr langsam laufender Planet und zeigt somit einen Zustand an, der sich langsam heranentwickelt hat und nun akut geworden ist, aber blitzartig und überraschend kommt. Uranus steht im Transit immer wieder für völlig unerwartet auftretende und plötzliche Ereignisse, die häufig auch schockieren, wie es in diesem Fall ja auch war. Das IC ist der Anfang des 4. Hauses, welches bekanntlich für die innere Geborgenheit, die Wohnung und das Heim eines Menschen steht. Der genaue Uranusaspekt fordert hier einen Umbruch. Kontrollieren Sie ruhig einmal ihr eigenes Geburtshoroskop in Bezug auf Uranustransite zu ihrem persönlichen IC, sie werden erstaunt sein. Vermutlich sind sie umgezogen oder haben einschneidende Veränderung im

Wohnbereich erfahren, auch der berufliche Bereich ist hiervon meist betroffen, da ein Aspekt zum IC, zwangsläufig auch immer einen Aspekt zum MC bedeutet. Autounfälle werden unter solchen Aspekten auch gerne gemacht. Aufgrund der Exaktheit von Uranustransiten eignen sie sich auch hervorragend zur Geburtszeitkorrektur, wenn diese nicht minutengenau bekannt ist. Doch zurück zum Beispiel. Nicht nur der Uranus ist aktiv beteiligt, auch macht der Transit Mars zum Zeitpunkt des Brandes ein genaues Quadrat zur Radix-Venus, welche Herrscherin des 4. Hauses im Radix ist und somit für die Wohnung des Geborenen steht. Uranus bringt plötzliche Ereignisse, unerwartete Umbrüche im Leben, hier im Bezug auf die Wohnung. Mars bringt in diesem Fall Zerstörung der Wohnung durch Feuer. Mars ist der Feuerplanet, der das Zeichen Widder beherrscht. Dieser Aspekt wirkt daher um so stärker, da wir schon im Geburtshoroskop sehen, dass die Venus als Herrscherin von Haus 4 im Zeichen Widder steht. Zudem ist Mars im Steinbock erhöht, dass bedeutet er hat eine enorm starke Kraft. Aber das ist noch nicht alles. Die Achse des laufenden Transit-Aszendenten steht in genauer Opposition zur Venus, somit der Deszendent natürlich in Konjunktion. Venus wird also gleich mehrfach angezeigt und nimmt im Zeichen Widder die Exilstellung ein, ist also besonders schwach. Wir sehen also, dass sämtliche Signifikatoren, welche im Geburts-Horoskop für die Wohnung des Geborenen stehen im Augenblick des Brandes durch zerstörende Spannungsaspekte, der sich zu diesen Zeitpunkt aktuell bildenden Planetenkonstellationen, mehrfach angegriffen werden. Neulinge müssen dies richtig verstehen, ein Spannungsaspekt von Mars zum Herrscher des vierten Hauses kommt in etwa alle 2 Jahre 4 mal vor, dass bedeutet dann aber immer noch lange nicht, das einem jedes mal die Wohnung abbrennen muss! Normalerweise erfährt man dies dann nur als einen etwas gespannte Grundstimmung, oder hat mal einen schlechten Tag, vielleicht sind auch die Handwerker im Haus und stören vorübergehend die Ruhe. Wenn man sich aber durch sein eignes Handeln eine entsprechende Situation schafft, dann kommen solche Ereignisse genau zu diesen Schlüsselzeitpunkten!

Zu guter letzt werfen wir noch einen Blick auf die Stellung des Jupiters. Wir sehen, dass das Transit-MC zusammen mit Jupiter exakt auf dem Deszendenten des Geburtshoroskops zum stehen kommt. Hier wird also die Richtung angezeigt in die sich dieses Ereignis weiterentwickelt, dass eigentliche Ziel ist Öffnung zum DU. Wir sehen das Jens im folgenden Jahr eine Entfaltung seines Umgangs mit Partnerschaft und Begegnung erfahren wird und wenn sich im weiteren Aspektverlauf nicht spätestens bei der Konjunktion von Transit-Jupiter und Radix-Jupiter im Juli 2002 eine besondere Verehrerin am Horizont zeigt, dann werde ich die NASA bitten eine Sonde raufzuschicken, um zu prüfen ob dass auch wirklich noch Jupiter ist, was wir da oben am Himmel hell strahlen sehen.

WAS SIND ERDBEBENKONSTELLATIONEN?

Kommen wir nun nach diesem kleinen Ausflug in persönlicher Transitdeutung zum eigentlichen Kern unseres Themas. Um genau zu sein ist diese Studie entstanden, weil mir während der Betrachtung einiger Erdbeben-Horoskope aufgefallen war, dass immer wieder Uranus und Neptun an der Auslösung beteilig, oder in bedeutende Aspekten eingebunden waren. Diese Erkenntnis war so deutlich, dass sie ein gesetzmäßiges, astrologisches Muster dahinter vermuten ließ. Ich war neugierig, ob sich dieses auch in weiteren Horoskopen von Erdbeben finden würde. Der Tipp hierfür kam von einem meiner ehemaligen Astrologielehrer, der seiner Zeit schon darauf hinwies, dass Neptun eine Bedeutung bei Erdbeben hat. Ebenso hatte ich noch einen indischen Jyotish-Pandit (ein Gelehrter der vedischen Astrologie) in Erinnerung, der mir einst sagte, dass Rahu und Ketu bei Erdbeben eine Rolle spielen würden. Rahu und Ketu sind die indischen Bezeichnungen für den aufsteigenden und absteigenden Mondknoten. Ich hatte diese Aussagen nie überprüft, aber im Zusammenhang mit meiner eigenen Beobachtung packte mich jetzt die Neugier doch einfach mal der Erdbebenfrage ein bisschen tiefer auf den Grund zu gehen. Das Ergebnis war verblüffend. In der Tat tauchen in fast allen Horoskopen historisch herausragender Erdbeben markante Stellungen von Uranus und Neptun auf und auch die Aussage meines indischen Freundes schien nicht völlig aus der Luft gegriffen, da die Mondknotenachse ebenfalls sehr häufig eingebunden ist. Doch natürlich können auch einige anderen Planeten ihrer astrologischen Grundnatur gemäß in Erdbebenhoroskopen eine Rolle spielen. So wird es nicht überraschen, dass häufig auch der Mars Schlüsselpositionen einnimmt, ebenso wie Pluto, welcher ja schon von altershehr auf Zerstörungsfragen und vor allen Dingen auch auf tiefgreifende Transformationsprozesse spezialisiert ist. Die Häufung von Uranus-Neptun Kombinationen überwiegt jedoch auffällig offensichtlich. Auffällig erschien mir auch, dass diese Katastrophen zu Zeiten allgemein sehr gespannter Grundkonstellationen, häufig bei T-Quadraten mit den beteiligten Hauptsignifikatoren Uranus, Neptun und auch der anderen äußeren und inneren Planeten in Erscheinung treten. Auch Ballungen von Planeten in bestimmten Himmelsabschnitten in vielen Erdbebenhoroskopen kamen immer wieder vor.

Bevor wir nun zur Praxis schreiten und uns historische Fälle von größeren Erdbeben betrachten, schauen wir doch einmal der Reihe nach die Planeten an und überlegen vorab welchen Einfluss sie auf ein Erdbeben haben könnten.

Sonne

Die Sonne kann in Kombination mit anderen Planeten durchaus zerstörerische Wirkungen anzeigen. Es zeigen sich eine Reihe von Fälle in denen die Sonne markante Aspekte mit Neptun oder Uranus eingeht, wodurch diese Prinzipien natürlich verstärkt belebt werden. Rein naturwissenschaftlich ist bei der Sonne sicherlich auch der Gravitationseinfluss zu berücksichtigen, der durch die Eigendrehung der Erde immer aus verschiedenen Winkeln einwirkt. Einige Beobachtungen zeigen, dass bei gleichen geologischen Gegebenheiten eine erhöhte Neigung zu bestehen scheint, dass das Erdbeben dann ausbricht, wenn die Sonne auf den gleichen Quadranten der Erde einwirkt, sprich im gleichen Haus steht. Auch findet sich die Sonne verdächtig häufig über dem Horizont, vielleicht hat die Erwärmung der oberen Erdschichten bei Tag durch die Sonneneinstrahlung einen gewissen Einfluss, der dies erklärt.

Mond

Auch der Mond kann selbstverständlich andere Planetenprinzipien verstärken und auslösen. Neben den schon angesprochenen Gravitationseinwirkungen, die mehr zum Bereich der rein naturwissenschaftlichen Betrachtung zählen hat er auch als astrologischer Schlüssel eine besondere Bedeutung. Der Mond spiegelt den emotionalen Zustand des Volkes wider. Schon in den ältesten Astrologieaufzeichnungen der Welt verschiedener Kulturen finden wir den Hinweis, dass der Mond als das Volk zu betrachten sei. Mundanastrologisch hat sich an dieser Aussage nie etwas geändert, sie hat sich immer wieder als korrekt herausgestellt. So verwundert es nicht, dass der Mond in allen Erdbeben-Horoskopen, die das ausmaß einer Katastrophe für die Menschen erreichen eine sehr kritische bis völlig zerstörte Stellung einnimmt. Häufig steht der Mond in den Zeichen Skorpion oder Steinbock, also in der Position seines astrologischen Falles oder Exils. Wodurch Leid und Frustration des Volkes widergespiegelt werden. Ist dies nicht der Fall, so ist er in der Regel durch andere Einflüsse gestört, z. B. Konjunktionen mit ungünstigen Planeten, oder er steht auf kritischen Graden. Interessant ist sicher auch, dass sich das Auftauchen des Mondes bei schweren Erdbeben neben den schon angesprochenen Zeichen Skorpion und Steinbock offensichtlich in bestimmten Zeichen häuft. Schwerpunktmäßig scheint eine Stellung des Mondes in einem der vier fixen Zeichen (Stier, Löwe, Skorpion, Wassermann) ein Erdbeben zu begünstigen. Auch steht der Mond bei Wiederholungserdbeben mit ähnlichem lokalisiertem Epizentrum gerne im gleichen Abschnitt des Tierkreises! Wir werden auf dieses Phänomen noch genauer eingehen.

Merkur

Verbindet er sich mit einem anderen Planeten so wird er diesen verstärken, so kann er natürlich auch Kombinationen mit den Erdbebenplaneten Uranus und Neptun eingehen. Er bindet sich zum Zeitpunkt der Auslösung einiger schwerer Erdbeben interessanterweise in T-Quadrate mit den Hauptsignifikatoren für Erdbeben ein.

Venus

Sie wirkt in ihren Hauptaspekten genau wie die anderen Planeten verstärkend, wenn diese genau sind und mit den Signifikatoren in Verbindung stehen. In einigen Fällen kam es zu Erdbebenausbrüchen, wenn Venus den Horizont überschreiten, also vom 12. Haus ins 1. Haus oder vom 7. Haus ins 6. Haus wandert.

Mars

Erzeugt Aktivität, vorwärtsdrängende Energie, kann also Spannung aufbauen und eine Rolle bei Katastrophen spielen. Auch in Fällen wo es zum Ausbruch von Feuer kommt, spielt er eine Rolle. Man findet ihn häufig in Spannungsaspekten, die eine Intensivierung der Katastrophe anzeigen.

♃
Jupiter

Jupiters Energieprinzip ist die Ausdehnung. In bestimmten Aspektkombinationen kann eine Hemmung seines Prinzips auch auf eine Begünstigung von Erdbeben hinweisen. Auffällig sind die Zeiten in denen Jupiter eng mit Saturn zusammen steht begünstigend für derartige Katastrophen. Für sich allein ist jedoch noch keine Auffälligkeit beobachtet worden, die auf die Auslösung von Erdbeben schließen lässt.

Saturn

Saturn hemmt, blockiert und steht in seiner Grundbedeutung für Erstarrung, Hindernisse und das Erdelement. Er ist hier vielleicht mehr der passive Faktor, der durch andere Planeten wie Mars, Uranus, Pluto oder aber auch Neptun angegriffen werden muss. Dann kann er jedoch eine enorme astrologische Spannung anzeigen. Natürlich kann er bei markanter Stellung auch den Frust und die Bedrückung der Menschen widerspiegeln. Insbesondere durch Verbindungen mit dem Mond oder der Venus. Ebenfalls ist die Zeichenstellung des Saturn interessant, da er ja astrologisch ein wesentliches Grundelement für Erdbeben widerspiegelt. Nämlich die Erde selbst und die starren Widerstände. Steine, Felsen und Mauern sind Saturn zuzuordnen. Menschen die sich beruflich mit Mineralien und Gestein beschäftigen weisen auch in ihren Geburtshoroskopen entsprechende Konstellationen auf.

Uranus

Uranus ist einer der Hauptsignifikatoren für Erdbeben, er findet sich regelmäßig als Auslöser. Seine Energie ist unruhig und will alles konventionelle und feste aufsprengen und durchbrechen, um eine neue Ordnung zu schaffen. Er ist eine klassische Widerspiegelung dessen, was ein Erdbeben für Menschen bedeuten kann. In diesem Zusammenhang ist sicherlich auch interessant, dass die magnetische Achse des Uranus völlig quer steht. Möglicherweise gehen von diesem Planeten tatsächlich Strahlungen aus, die den unumstrittenen Zusammenhang von Uranus mit plötzlichen Ereignissen erklärt, wie es im Kurs: *Einweihung in die spirituelle Astrologie* dargestellt wird.

Neptun

Neptun ist neben Uranus der zweite astrologische Hauptsignifikator für Erdbeben. Wir können also auch Neptun als Erdbebenplaneten bezeichnen. Er löst alte Strukturen auf. Er lockert und untergräbt die alte Ordnung. In jedem Fall ist er in den überwiegenden Fällen an Auslösungen beteiligt.

Pluto

Pluto als Prinzip der Zerstörung kann natürlich einen enormen Einfluss in den Horoskopen von Naturkatastrophen haben. Er nimmt markante Stellung in den Horoskopen von Bombenexplosionen ein. Auch bei Erdbeben hat er manchmal seine Finger mit im Spiel, wenn auch nicht ganz so stark wie Uranus und Neptun. Dennoch können Aspekte von Pluto, insbesondere wenn es sich um Spannungsaspekte handelt, extreme Gewalteinwirkungen anzeigen, ganz besonders vernichtend ist hierbei die Kombination mit Saturn.

☊ ☋
Die Mondknoten

Den Mondknoten scheint ebenfalls eine Schlüsselbedeutung zuzukommen, denn oft nehmen sie ganz markante Stellungen ein. In der indischen Astrologie gelten die Mondknoten als dämonische Einflüsse, welchen viele üble Wirkungen wie Leid und Siechtum zugeschrieben werden und werden von indischen Astrologen als Auslöser für Erdbeben betrachtet.

Die Hauptachsen

Die Hauptachsen eines Horoskops sind der Horizont und die Himmelsmitte, welche bekanntlich zu Auslösungen astrologischer Konstellationen führen. Sie bilden sich aus Aszendent und Deszendent und Medium Coelie und Imun Coelie. Diese Achsen funktionieren wie die Zeiger einer Uhr, welche die einzelnen Planetenenergien auslösen.

Folgende Kombinationen treten gehäuft in den Horoskopen von Erdbeben auf:

- Konjunktionen der Hauptachsen mit den äußeren Planeten Uranus, Neptun oder der Mondknotenachse in einigen Fällen auch Pluto. Insbesondere wenn diese wiederum in gespannte Aspektgefügen eingebunden sind.

- Quadrate zu den Hauptachsen mit den äußeren Planeten Uranus und Neptun oder der Mondknotenachse und sekundär Pluto.

- Konjunktionen oder Oppositionen von Uranus, Neptun und sekundär Pluto mit Sonne, Mond, Merkur oder Mars

- Quadrate von Uranus, Neptun, Mondknoten und sekundär Pluto mit Sonne, Mond, Merkur oder Mars.

- Stellung des Mondes in einem der vier fixen Zeichen, schwerpunktmäßig Skorpion. Stellung des Mondes im Steinbock. Vollmondphasen bei denen der Mond im Löwen oder Waage steht.

- Stellung des Mondes in dem Abschnitt des Tierkreises, wo er bei dem letzten schweren Erdbeben in der gleichen Gegend stand.

- Allgemein starke Besetzung der fixen Zeichen, insbesondere wenn sich direkt Spannungen durch Quadrate und Oppositionen aus diesen Zeichen bilden.

- Ballungen von Planeten zu einem Stellium.

Kommen wir nun zu unseren Beispielen.

Dieses Foto zeigt die Sacramento Street nach dem Beben 1906

SAN FRANCISCO 1906

Wir beginnen unsere Studie mit dem legendären Erdbeben von San Francisco im Jahre 1906. Selbst heutzutage gilt dieses noch als eines der signifikantesten Erdbeben der Geschichte. Nicht nur wegen seiner gewaltigen Größe, sondern im nachhinein auch wegen der aus ihm gewonnen wissenschaftlichen Erkenntnisse. Im Grunde war dieses Erdbeben die Geburtsstunde der modernen Seismologie.

Mit einer Ausdehnung der Schadenswelle von über 430 Kilometern verwirrte die Naturkatastrophe die zeitgenössischen Geologen aufgrund seiner Dimension. Das Erdbeben war spürbar von Süd Oregon bis Süd Los Angeles und im Inland bis nach Zentral Nevada. Im Volksgeist von San Francisco ist dieses Beben auch aufgrund der starken Feuerausbrüche, die dadurch verursacht wurden in Erinnerung geblieben. Man schätzt heute, dass die Anzahl der Todesfälle weit über 2000 lag. Die meisten wurden in San Francisco gemeldet, 189 in den umgebenden Gebieten.

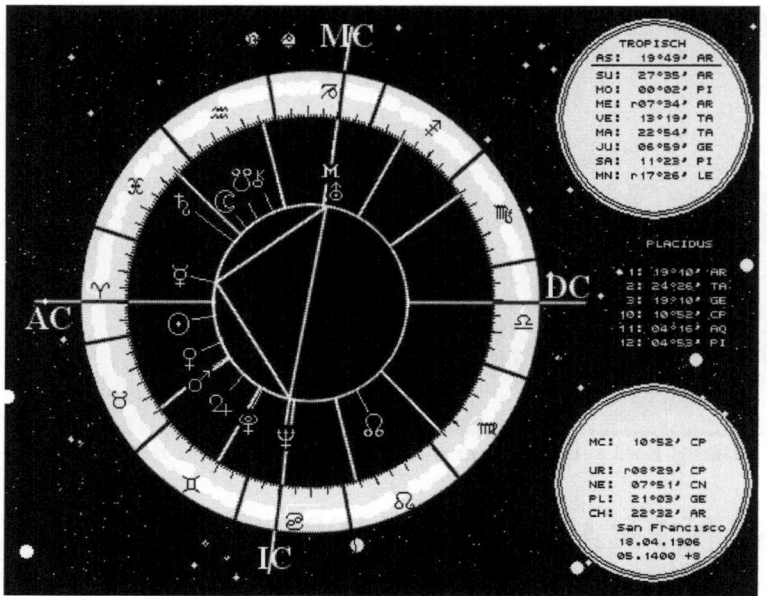

- **San Francisco 1906**
- **Epizentrum: San Francisco**
- **05:14 GMT**
- **Magnitude 7,9**

Betrachten wir uns den Zeitpunkt des Ausbruchs einmal astrologisch. Sehr auffällig ist die gradgenaue Opposition der beiden Hauptsignifikatoren für Erdbeben, Uranus und Neptun, die zudem ein Aspektgefüge mit dem im Quadrat stehenden Merkur bildet. Diese Kombination nennen wir T-Quadrat. Ganz klassisch wird dieses durch eine der beiden Hauptachsen ausgelöst. Nämlich durch die MC-IC-Achse. Wir sehen, dass Neptun am IC steht, also quasi exakt unter dem Ort des Epizentrums wobei Uranus in Konjunktion mit dem MC steht, also genau an der Himmelsmitte über dem Epizentrum. Da sich ein Aspektgefüge geschlossen auslösen muss, ist der Merkur in die Figur voll einzubeziehen. Saturn nahm zu dieser Zeit seine Stellung in den Fischen ein. Auch das ist hier unterstützend ein Einfluss, der feste Strukturen auflöst. Der Mond steht auf einem kritischen Grad, er hat gerade erst in das von Neptun beherrschte Zeichen Fische

40

gewechselt und sich in der neuen Energie noch nicht stabilisiert. Zudem nimmt Neptun im Wasserzeichen Krebs eine recht starke Stellung ein. Uranus erschüttert in seiner Stellung im Steinbock das Erstarrte und Feste und will alte Strukturen durchbrechen. Merkur nimmt wie gewohnt die Färbung des Zeichens an in dem er steht und trägt in diesem Gesamtzusammenhang mit seiner Stellung im vorwärtsdrängenden Feuerzeichen Widder erheblich zur Zerstörung bei.

Kaum ein Gebäude stand noch, San Fransisco in Schutt und Asche, nach den Erdstößen kam das Feuer.

Die Stadthalle von San Francisco nach dem Erdbeben 1906 total zerstört.

Ein Bild der Zerstörung. Eine ganze Stadt dem Erdboden gleich.

JAPAN, KANTO 1923

Am 01.09.1923 um 11:58 lies eines der schrecklichsten Erdbeben der Geschichte die Kanto Ebene erschüttern. Das Beben erreichte eine Stärke von 7,9 auf der Richter Skala. Es starben über 140.000 Menschen. Tokyo und Yokohama wurden weitgehend zerstört.

Es war gerade Mittagszeit, viele der üblichen Gasbrenner waren deswegen an, um Malzeiten zuzubereiten, als die Menschen von der Katastrophe überrascht wurden. So kam es zu etlichen Bränden, die Feuersäulen sollen noch in über 160 KM Entfernung zu sehen gewesen sein. 73 % der Häuser wurden beschädigt. Der Gesamtschaden betrug 5 Milliarden Yen, dass waren mehr als 15% des damaligen japanischen Bruttosozialproduktes. 250.000 Menschen wurden arbeitslos, denn über 9000 Fabriken wurden zerstört.

Eine alte japanische Legende besagt, dass der Katzenfisch Nanazu unter der Erde lebt und die Menschen durch ein Erdbeben straft wenn sie sich falsch verhalten. Viele Menschen sahen daher die Katastrophe als eine Strafe für das ausufernde Leben in den Großstädten. Vielleicht ist der Katzenfisch aber auch nur der absteigende Mondknoten, der bei Erdbeben in diesen Regionen gerne im 4. Haus steht, also genau unter dem Epizentrum.

Im kaiserlichen Edikt vom 12.09.1923 heißt es: "Tokyo soll wie bisher Hauptstadt bleiben; deshalb soll es wiederaufgebaut werden und dabei gilt es nicht nur Altes wiederherzustellen, sondern eine neue Ordnung zu schaffen, die eine Entwicklung in die Zukunft ermöglicht." Das klingt als hätte Uranus persönlich gesprochen. Das Erdbeben von Kanto hat die gesellschaftliche Entwicklung des Landes revolutionär verändert.

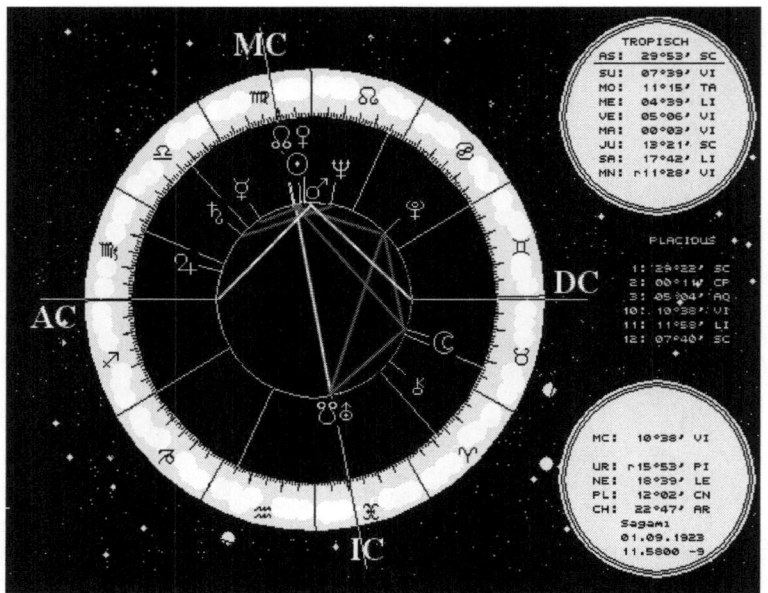

- **Kanto 1923**
- **Epizentrum: 139.22 E 35.19 N**
- **11:58 Ortszeit**
- **Magnitude 8,3**

Auch hier sehen wir deutliche Auslösungen. Das MC steht in absolut genauer Konjunktion zum aufsteigenden Mondknoten, der zusammen mit dem absteigendem Mondknoten offensichtlich schon in altenindischen Sanskrittexten in Zusammenhang mit Erdbeben gebracht wird. Saturn empfängt ein gradgenaues Sextil von Neptun, dass ist jedoch nur ein unterstützender Aspekt. Interessanter ist das Uranus in seiner dichten IC-Stellung direkt unter dem Epizentrum steht. Sehr delikat ist auch das Aspektgefüge zwischen Mond, Pluto der Mondknotenachse und der MC-IC Achse, wobei der Mond zudem in einer applikativen Opposition mit Jupiter im Skorpion steht, ein unangenehmer Aspekt, zudem er sich noch intensiviert. Ebenfalls genau sind die Sextile zwischen Pluto im 8. Haus mit MC, Mondknoten und Mond. Sextile müssen nicht immer nur nett sein! Sie zeigen lediglich, dass ein harmonischer

Energiefluss zwischen den verbundenen Faktoren besteht. Je nach Art des Gesamtzusammenhangs kann dies durchaus verheerende Folgen haben. Der Mars macht ein exaktes Quadrat zur AC-DC Achse zum Zeitpunkt des Ausbruchs. Wir sehen, dass der Aszendent auf einem kritischen Grad steht, genau wie Mars selbst, da beide gerade das Zeichen wechseln. Ein Aszendent innerhalb der letzten drei Grade eines Zeichens nimmt eine recht hilflose Position ein, die Ratlosigkeit und Verzweiflung dieser Situation ist gut nachzuempfinden, wenn wir sehen, dass der Aszendent in dieser schwachen Position auch noch ein Quadrat vom kritisch gestellten Mars empfängt, welcher ja für den Willen und die Tat stehen. Tausende von Menschen, die zu diesem Zeitpunkt nicht wissen wie sie reagieren sollen und körperlich Angegriffen werden. Mars erzeugt oft sehr bedrohliche Situationen!

Ein Teil der Jefferson Junior High School in Long Beach nach dem Beben

LONG BEACH 1933

Kommen wir in unserem dritten Beispiel zu einem etwas kleineren Erdbeben, welches am 10.03.1933 um 5:54 PM in einem Umkreis von rund 5 KM die Gegend der heutigen Huntington Beach erschütterte. Immerhin erreichte es eine Magnitude von 6,4 auf der Richterskala. Zwar gab es durch dieses Beben keine Brüche der Erdoberfläche, jedoch wurden zahlreiche Gebäude beschädigt. Größtenteils betroffen hiervon waren Gebäude mit nicht extra stabilisiertem Mauerwerk, darunter auch viele Schulen, glücklicherweise waren keine Kinder in den Klassenräumen.

Das Unglück forderte 120 Tote und richtete einen Sachschaden in Höhe von über $ 50.000.000 US Dollar an.

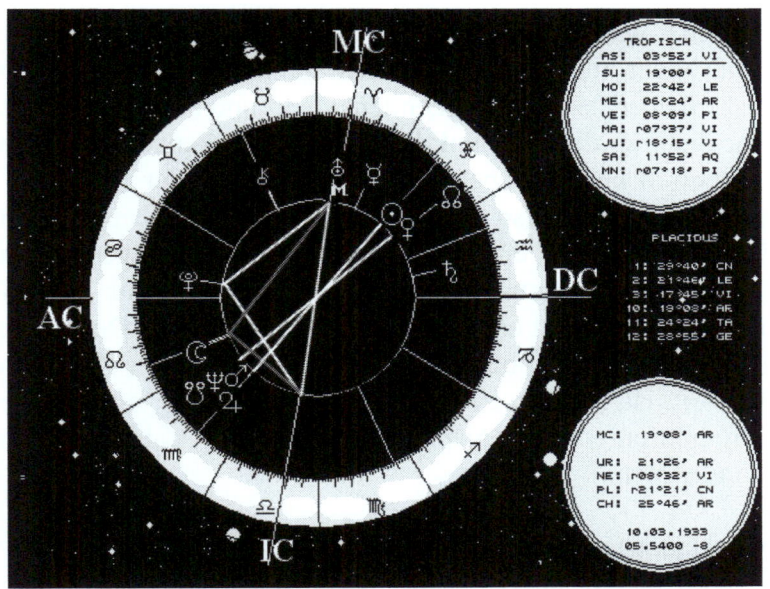

- **LONG BEACH 1933**
- **Epizentrum: 33° 37' N, 117° 58' W**
- **05:54 PST**
- **Magnitude: 6,4**

Selbst Anfängern wird es mittlerweile schon auffallen, wieder ist der Uranus direkt an einer Hauptachse, diesmal am MC, also direkt über dem Epizentrum. Betrachten wir das Horoskop zu diesem Erdbeben weiter, so entdecken wir auch hier wieder eine Reihe weiterer Auslösungen. Zu dieser Zeit herrschte ein gradgenaues Quadrat zwischen Uranus und Pluto, sowie eine gradgenaue Konjunktion zwischen Neptun, Mars und dem absteigendem Mondknoten. Dieses Stellium steht in genauer Opposition zur Venus. Auch die gradgenaue Opposition zwischen Sonne und Jupiter kann die Spannung an diesem Tag nur erhöhen.

Diese signifikanten Konstellationen sind noch viel tiefer verbunden, wenn wir beachten, dass der Uranus, welcher hier ja, wie im ersten Beispiel, wieder durch das MC ausgelöst wird, im vom Mars beherrschten Zeichen Widder steht. Nicht nur das, das MC steht genau auf dem Grad wo im Erdbeben 1906 der Aszendent stand und auch Uranus ist sehr dicht an diesem Punkt! Dies ist bemerkenswert, da die Epizentren beider Beben nicht weit auseinander liegen. Es handelt sich hier also möglicherweise tatsächlich um einen für diese Gegend empfindlichen Punkt! Denn wenn man bedenkt, dass Uranus diese Position im Widder nur alle 84 Jahre einnimmt, ist es doch schon beachtenswert. Der Mars, der den Uranus disponiert, da er der Herrscher des Zeichens Widder ist, bildet in diesem Augenblick eine enge Konjunktion mit Neptun und dem absteigenden Mondknoten.

Alle Hauptsignifikatoren für Erdbebenauslösungen sind hier energetisch verbunden und werden genau in diesem Augenblick durch die Berührung der Hauptachse des Spannungsgebildes zwischen Pluto und Uranus ausgelöst, sprich MC/IC-Achse. Zudem finden wir im Vergleich die Verbindung zum schweren Erdbeben von San Franscisco 1906 durch die Position von Uranus und MC.

Auch ist zu beachten, dass dieses Erdbeben bei stark zunehmendem Mond, in einer Vollmondphase stattfindet!

Das Beben führte auch zum Einsturz des zweiten Stocks dieses kleinen Hotels

Zusammenbruch der 4th Avenue nahe C Street in Anchorage

ALASKA 1964

Das Beben von Alaska am Karfreitag den 27.03.1964 ist mit einer Stärke von 9,2 auf der Richterskala das stärkste das bis zu diesem Zeitpunkt je aufgezeichnet wurde. Es wirkte mit der 12.000fachen Kraft einer Hiroshima-Bombe über eine Distanz von über 800 KM. Es dauerte rund 4 Minuten und zerstörte fast alle Küstenorte unter anderem die Städte Anchorage, Seward, Valdez und Cordowa. Die meisten Menschen ertranken in bis zu 30 m hohen Flutwellen den sogenannten Tsunamis, wie eine auch auf den Ort Valdez zuraste, die Hafenanlangen zerstörte und die Menschen in einem riesigen Sog ins offene Meer zog. Der Schaden betrug über $ 300 Millionen Dollar

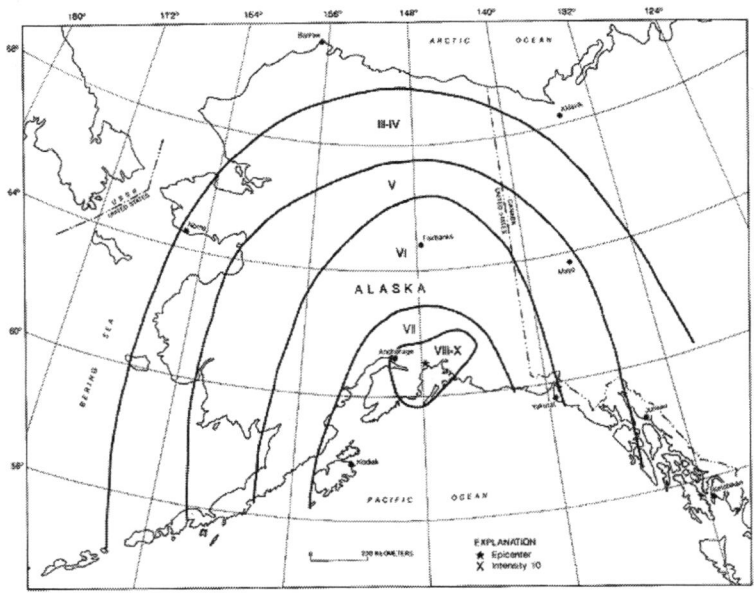

In dieser Grafik sehen wir die Ausdehnung des Bebens.

Diese Schienen führten zu einer Eisenbahnbrücke und sind aus ihren Verankerungen gerissen worden und durch eine Verschiebung der Flussufer während des Erdbebens seitlich verbogen worden. (Alaska 1964)

Auch diese Schienen haben durch das Erdbeben gelitten. (Alaska 1964)

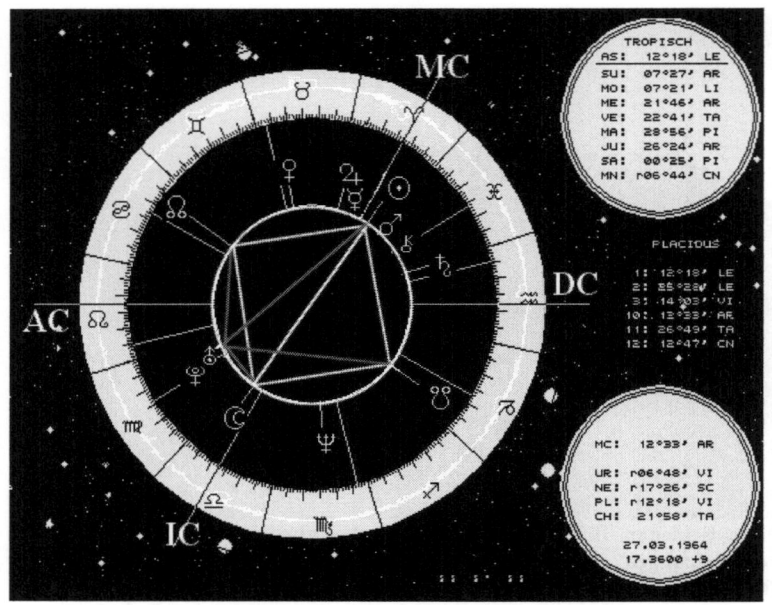

- **Prince William Sound, Alaska 1964**
- **Epizentrum: 147°00' W, 60°40' N**
- **17:36 Ortszeit**
- **Magnitude 9.2**

In diesem Horoskop scheint sich im ersten Augenblick ein wenig von den anderen Ereignissen zu unterscheiden, genauer betrachtet ist es jedoch höchst aufschlussreich. Zum ersten sehen wir eine Häufung von Planeten im Widder, auch die Sonne steht in diesem Zeichen. Dies ist besonders markant, da wir es hier mit einer kulminierenden und gradgenaue Vollmondkonstellation, die zudem in einem geschlossenen Quadrat mit der Mondknotenachse steht, zu tun haben. Dies erzeugt eine mächtige Grundspannung durch Sonne und Mond, die wie wir an der Stellung der MC-IC-Achse sehen, zum Zeitpunkt des Ausbruchs genau über und unter dem Epizentrum stehen! Der Uranus bindet sich in diese Konstellation durch ein Sextil/Trigon zu den Mondknoten, ein Halbsextil zum Mond und ein Quincunx zur Sonne mit ein. Dies sind zwar keine Spannungsaspekte, aber gradgenaue energetische Verbindungen im Sinne der keplerschen Aspektlehre. Wir sehen hier erstmals ein geschlossenes Quadrat, gebildet durch Sonne, Mond und die Mondknotenachse.

Dieser Fall ist besonders interessant aufgrund der Heftigkeit des Erdbebens von 9,2 auf der Richterskala.

Wenn es tatsächlich einen Zusammenhang zwischen bestimmten Erdbebenausbrüchen und Einwirkungen durch Vollmondkonstellationen gibt, dann müssen wir davon ausgehen, dass dieser Einfluss natürlich dann am stärksten auf einen Bezugsort wirkt, wenn Sonne und Mond in exakter Opposition stehen und zudem kulminieren, sprich einer der beiden Körper an der Himmelsmitte steht, wie es in diesem Beispiel der Fall ist. Weiterhin müssen wir davon ausgehen, dass die Reaktionen der Gesteinsschichten auf diese Krafteinwirkungen eine gewisse Zeit brauchen bis sie den Punkt erreichen wo die Spannung ausbricht, so dass es auch leicht verständlich ist, dass der spürbare Ausbruch erst kurz nach der genauen Konjunktion der MC/IC-Achse mit der Vollmondkonstellation zustande kam. Wir können ja interessanter Weise auch in den anderen Horoskopen beobachten, dass dies ganz Häufig auch mit Neptun und Uranus der Fall ist. Sie stehen meist wenige Grade von der Hauptachse entfernt.

Ein zusammen gefallenes Parkhaus in San Fernando 1971

SAN FERNANDO 1971

Auch unter dem Namen Erdbeben Sylmar bekannt. Die totale Oberflächenzerstörung war rund 19 KM lang. Dieses Erdbeben forderte 65 Todesopfer und richtete einen Schaden von über 500.000.000 $ an. Die meisten Todesfälle traten auf, als das Veran's Adminsitration Hospital zusammenbrach. Experten meinen, dass die Anzahl der Todesopfer weitaus höher gewesen wäre, wenn das Beben zu einer anderen Tageszeit aufgetreten wäre.

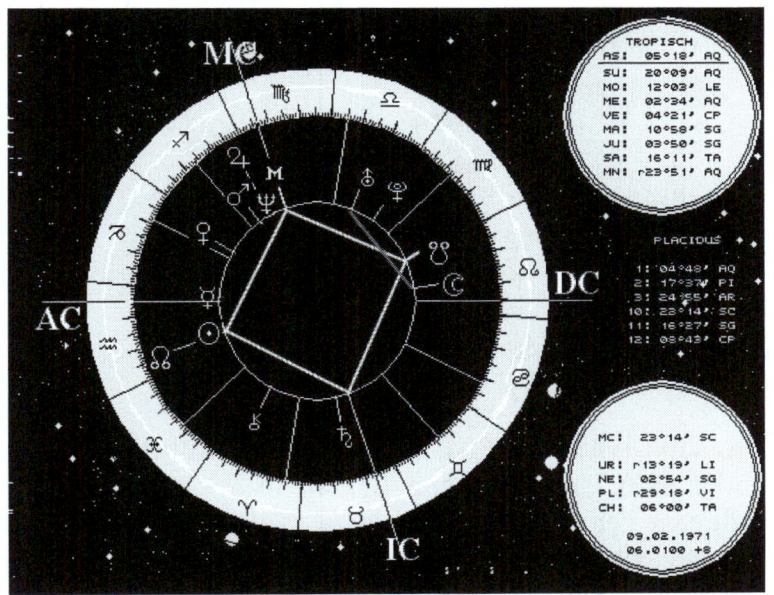

- **San Fernando 1971**
- **Epizentrum: 34°25' N, 118°24'W**
- **06:01 GMT**
- **Magnitude 6.6**

Auch dieses Beispiel von San Fernando 1971 findet wieder in einer Phase des stark zunehmenden Vollmondes statt! Ähnlich wie wir das ja schon im Beispiel von Long Beach 1933 gesehen haben. Man beachte, dass sich die Epizentren beider Erdbeben sehr dicht beieinander befinden. Der genaue Oppositionspunkt ist zwar noch rund 16 Stunden entfernt, aber auch in dieser Stellung sind die Energien in der Atmosphäre schon recht gespannt. Wir sehen weiterhin eine gradgenaue Konjunktion von Jupiter und Neptun kurz vor der Kulmination. Damit steht wieder einer der Hauptsignifikatoren über dem Epizentrum. Während die MC/IC-Achse genau wie im vorherigen Beispiel, ein geschlossenes Quadrat mit der Mondknotenachse bildet. Auch die Sonne ist sehr dicht an der Mondknotenachse.

COALINGA 1983

Am 02.05.1983 um 16:42 Uhr suchte ein Erdbeben mit der Stärke M 6.7 eine isolierte Region in West San Joaquin Valley in der Nähe von Coalinga, Kalifornien heim. Der Hauptschock trat in der Nähe von Anticline Ridge, ungefär 15 KM Nordöstlich von Coalinga auf. Das Beben wurde von der Nord Los Angeles Gegend bis nach Susanville und von der Pazifik Küste bis nach West Newada wahrgenommen.

Fast 200 Menschen wurden verletzt, rund 1000 blieben Obdachlos zurück nach diesem Unglück. Der Sachschaden betrug rund $ 30.000.000 US Dollars. Die Produktion nahegelegener Ölfelder musste eingestellt werden und die Stadt war gezwungen eine zwölfblöckige Sektion der Innenstadt wieder aufzubauen.

Neptun macht im Augenblick dieses Erdbebenausbruchs eine genaue Konjunktion mit dem absteigendem Mondknoten. Bitte betrachten sie diese Konstellation genau! Neptun in Konjunktion mit dem absteigenden Mondknoten und zudem, genau gegenüber sehen wir eine Venus ganz dicht am aufsteigenden Mondknoten. Genau diese Kombination hatten wir schon einmal 1933 im Erdbeben von Long Beach! Vergleichen sie selbst. Beachtenswert, da die Epizentren beider Beben nicht weit auseinander liegen.

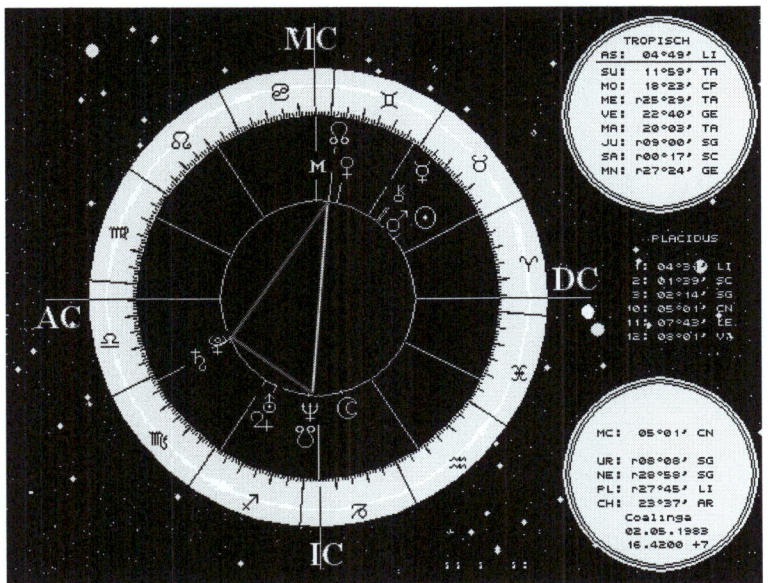

- **Coalinga 02.05.1983**
- **Epizentrum: 36.08 N, 120.21 W**
- **16:42 PDT**
- **Magnitude 6,7**

Hier lief kurz zuvor die MC/IC-Achse über diese Konstellation. Wir sehen Netpun unten am IC, wo er durch die Erddrehung gerade eben ins dritte Haus gewechselt ist, wieder steht also einer der Hauptsignifikatoren für Erdbeben direkt unter dem Epizentrum. Es bleibt zu beobachten, ob auch in Zukunft unter dieser Konstellation Erdbeben in dieser Gegend zur Auslösung kommen. Mitte August 2016 wird sie sich wiederholen! Besonders die Zeit um den 15.08.2016 erscheint mir extrem gefährlich! In diesem Horoskop sind weiterhin die vielen engen Konjunktionen der äußeren Planeten unter einander auffällig. Pluto in Konjunktion mit Saturn im Zeichen der Zerstörung Skorpion, verbindet sich durch ein Sextil mit Neptun und dem absteigendem Mondknoten und Uranus in enger Konjunktion mit Jupiter im Zeichen Schütze.

57

Das Zentrum des Erdbebens lag in den Gebirgen der Provinz Michoacan.

MEXIKO 1985

Am 19.09.1985 erschütterte ein Erdbeben der Stärke M 8.1 um 7:17 Uhr Zentral Mexiko und Mexiko City. Das Beben forderte über 8000 Todesopfer. Diese Zahl wäre noch weitaus höher, wenn das Unglück einige Stunden später passiert wäre und die Menschen schon in den Büros und Schulen gewesen wären. Mexico City wurde schon einige Male von Erdbeben heimgesucht. Es wurde weitestgehend auf dem sanftem, verfestigtem reinen Bodensatz des frühren Texcoco Sees errichtet. Welcher durch die Spanier ausgetrocknet wurde, nachdem sie in dieser Region auftauchten. Dicke Bereiche eines so weichen Untergrundes wie diesem, neigen dazu verstärkt auf seismische Wellen zu reagieren und führen dazu, dass der Grund viel mehr und heftiger erschüttert wird, als festes Gestein.

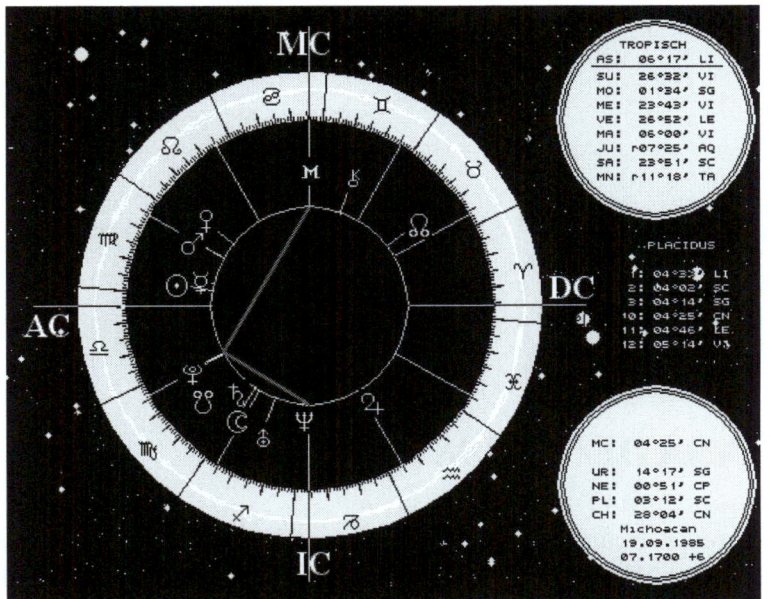

- **Mexiko 1985**
- **Epizentrum: 19.10 N, 101.50 W**
- **07:17 Ortszeit**
- **Magnitude 8.1**

Dieses Horoskop ist dem des Erdbebenausbruchs in Coalinga sehr ähnlich. Wir sehen, dass die Hauptachsen genau die gleiche Stellung einnehmen und wieder sehen wir eine markante Stellung von Neptun. Wie schon in einigen der vorherigen Beispiele hat die MC/IC-Achse kurz zuvor den Neptun überschritten, dass heißt Neptun stand unter dem Epizentrum. Unterstützend bindet sich Pluto mit einem recht genauen Trigon zum MC und einem Sextil zum IC in die Auslösung mit ein. Der Mond steht wieder auf einem kritischen Grad, kurz nach dem Zeichenwechsel.

PASADENA 1987 + 1991

Astrologiefreunden wird Pasadena ein Begriff sein, wurde hier doch am 01.11.1977 im Mount Palomar Observatorium auf Fotographien die in den Nächten vom 18. und 19. 10.1977 aufgenommen wurden der Planetoid Chiron ⚷ entdeckt. Nicht nur das auch der amerikanische Seismologe Charles Francis Richter, welcher die nach ihm benannte Skala einführte, starb hier am 26.04.1985. Aber das nur nebenbei. Haben wir doch gleich zwei Fälle von Erdbeben die wir hier betrachten können, die Pasadena betreffen. Es handelt sich hier um nicht ganz so starke Beben, dennoch sind sie sehr aufschlussreich, da das Epizentrum beider Beben quasi identisch ist. Warum ist dies besonders interessant? Ganz einfach, wie bereits eingangs erwähnt sind nicht die astrologischen Konstellationen die Hauptursache für ein Erdbeben, sonder geologische Verhältnisse, wie die Anordnung verschiedener Erd- und Gesteinsschichten. Die astrologischen Konstellationen können lediglich anzeigen wann die schon bestehenden Spannungen in einem gefährdeten Gebiet zur Entladung kommen. Die geologischen Verhältnisse sind nun aber an jedem Ort anders. Hier haben wir nun zwei Fälle, wo wir unter ähnlichen geologischen Verhältnissen auch Ähnlichkeiten in der astrologischen Auslösung vermuten könnten, diese sind auch tatsächlich vorhanden. Wenn man auch berücksichtigen muss, dass sich die geologischen Verhältnisse nach einem Beben leicht ändern.

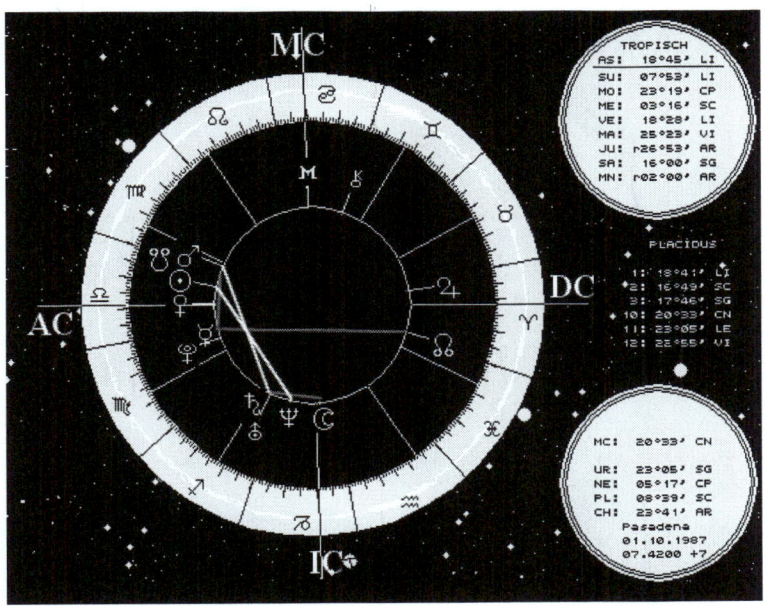

- **Pasadena 1987**
- **Epizentrum: 34° 03.68' N, 118° 04.71' W**
- **7:42:20 am, PDT**
- **Magnitude 5.9**

Das Quadrat zwischen Mars und Uranus zeigt eine gewaltige Grundspannung an diesem Tag an. Beachten sie auch, dass dieses Erdbeben ungefähr eine Woche nach der Herbsttagundnachtgleiche bei Sonnenaufgang um 07:42 stattfand, wie wir an der Sonnen-Stellung auf 7°53' in der Waage sehen. Die Sonne steht hier zudem noch im Quadrat zum Neptun. Dies ist einer der Fälle von Erdbebenausbrüchen, bei welchen Venus gerade den Horizont überschreitet, wie wir an der Konjunktion mit dem Aszendenten erkennen können. Am interessantesten scheint jedoch die Mondposition auf 23°19' im Steinbock, direkt unter dem Epizentrum.

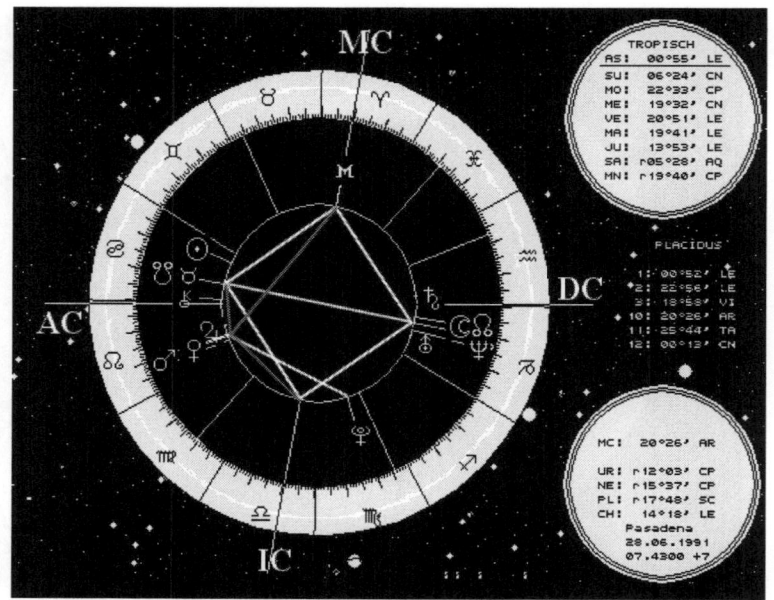

- **Pasadena 1991**
- **Epizentrum: 34° 15.54' N, 118° 00.06' W**
- **7:43 am, PDT**
- **Magnitude 5.8**

Betrachten wir uns nun das zweite Beben für diesen Ort. Natürlich fällt sofort das Stellium mit sämtlichen Erdbebensignifikatoren auf. Auch der Mond steht im Abschnitt dieser Konstellation zusammen mit Neptun, Uranus und dem aufsteigenden Mondknoten. Dieser Komplex bildet zusammen mit Merkur und der MC/IC-Achse ein T-Quadrat. Auch das Mars-Pluto Quadrat zwischen den fixen Zeichen Löwe und Skorpion ist zu beachten. Eine sehr gespannte Konstellation, die sich wieder auffällig auf die Hauptsignifikatoren für Erdbeben konzentriert.

Fand das erste rund eine Woche nach der Herbsttagundnachtgleiche statt, so ereignet sich der Ausbruch des zweiten Beispiels eine Woche nach der Sommersonnenwende und ebenfalls wieder zur Zeit kurz vor Sonnenaufgang, genaugenommen eine Minute nach der

Zeit des ersten Bebens. Wir sollten wissen, dass die Zeitpunkte wenn die Sonne in eines der vier kardinalen Zeichen des tropischen Tierkreises eintritt eine astrologische Schlüsselbedeutung haben. Die Gravitationswirkung der Sonne und der Sonnenwind könnten hier tatsächlich zu diesem Zeitpunkt einen ähnlichen Einfluss auf die geologischen Strukturen des Ortes gehabt haben, wie im ersten Beispiel. Bitte beachten Sie das die Mondknotenachse exakt auf der MC-IC-Achse des letzen Erdbebens zum stehen kommt. Zudem steht die MC-IC-Achse dieses Erdbebens im absolut gradgenauen, ja fast sogar schon minutengenauen Quadrat zur MC-IC-Achse des vorherigen Bebens an diesem Ort und zudem in Konjunktion mit der AC-DC-Achse. Die Wahrscheinlichkeit hierzu ist weitaus geringer als 1000:1, nehmen wir nun noch den Fakt zur Kenntnis, dass der Mond im ersten Beben in Konjunktion mit dem IC eine markante Stellung eingenommen hat und nun gradgenau auf der gleichen Position des Tierkreises steht wie im ersten Fall, dann müssten wir schon sehr ignorant sein, würden wir nicht eingestehen, dass dies einer weiteren Erforschung würdig ist! Das ist schon mehr als merkwürdig, wenn sich solche Beobachtungen häufen und wie wir noch sehen werden ist dies kein Einzelfall.

Vergleichen wir:

Ereignis	Mondposition identisch
1. Erdbeben 01.10.1987	☽ 23° 19' ♑
2. Erdbeben 28.06.1991	☽ 22° 33' ♑

Ereignis	MKN-Achse läuft auf MC-IC	
1. Erdbeben 01.10.1987	MC 20°30' ♋	
2. Erdbeben 28.06.1991	☋ 19°40' ♋	
Ereignis	MC2 ☌ AC1 + MC2 □ MC1	
1. Erdbeben 01.10.1987	MC 20°33' ♋	AC18°45' ♎
2. Erdbeben 28.06.1991	MC 20°26' ♈	IC 20°26' ♎

Dieses Gebäude ist auf die Straße gekippt und hat das darunter liegende Auto zerdrückt wie eine Pappschachtel.

LOMA PRIETA 1989

Am 17.10.1989 um 17:04:15 PDT brach ein Erdbeben aus, dessen Epizentrum in der Nähe von Loma Prieta in den Santa Cruz Mountains lag. Das Beben brach zwar nicht die Oberfläche der Erde auf, dennoch sehen wir an den dokumentierenden Bildern, dass erheblicher Schaden angerichtet wurde.

Dieser Hauseingang hat bestimmt auch schon besser Zeiten gesehen.

Warnschilder sollen die Leute davon abhalten die Gebäude zu betreten, die nach dem Beben so stark beschädigt sind, dass sie jederzeit einstürzen könnten.

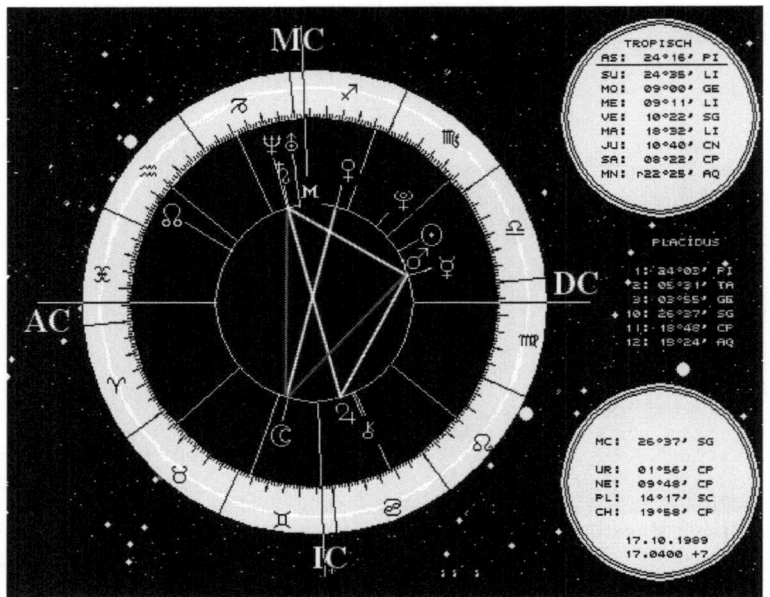

- **Loma Prieta 1989**
- **Epizentrum: 37.04° N, 121.08° W**
- **17:04:15 PDT**
- **Magnitude 7.1**

Wir sehen hier eine sehr problematisch gespannte Konstellation, wie in so vielen Fällen zuvor bildet sich hier wieder ein T-Quadrat mit Merkur. Wie wir sehen kulminieren die Haupterdbebenfaktoren Uranus und Neptun hier, stehen also direkt über dem Epizentrum. Wobei Neptun einen aktiven Teil des T-Quadrats bildet, er steht in genauer Konjunktion mit Saturn, steht in gradgenauer Opposition zum Jupiter, sowie im gradgenauen Quadrat zu Merkur. Der Mond läuft in einen gradgenauen Quincunxaspekt mit Neptun. Auch Uranus steht sehr dicht an dieser spannungsbelasteten Saturn/Neptun-Konjunktion.

JAPAN, KOBES 1995

Wieder einmal hat der Katzenfisch zugeschlagen in dem japanischen Ort Kobes. Am 17.01.1995 um 05:46:52 Ortszeit bebte es dort mit einer Stärke von 7.2 auf der Richterskala.

Das Erdbeben forderte 5.243 Todesopfer, 26.804 Verletzte, 106.763 zerstörte Gebäude und machte mehr als 300.000 Menschen obdachlos. Die Sachschäden wurden auf $140 Milliarden US Dollar geschätzt.

Betrachten wir das Horoskop zu dem Erdbeben, so entdecken wir wieder die klassische Kombination von Aspekten zwischen Uranus und Neptun, die hier in enger Konjunktion mit der Sonne stehen und in dieser Stellung ein exaktes Quadrat zur MC-IC Achse machen. Zudem haben wir ein exaktes Quadrat zwischen Mars und Pluto, was ebenfalls Zerstörung und Transformation anzeigt. Der aufsteigende

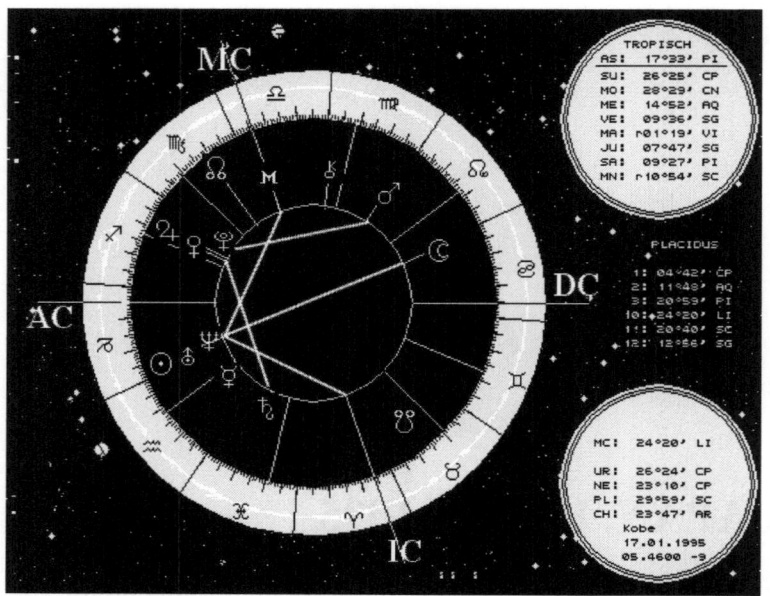

- **JAPAN KOBES 1995**
- **Epizentrum: 34.43 N, 135.14 E**
- **05:46:52 Ortszeit**
- **Magnitude 7.2**

Mondknoten steht im 10. Haus, ähnlich wie im Horoskop des Erdbebens von Kanto 1923. Mars und Pluto machen ein Quadrat, auch Jupiter und Venus kämpfen hier in diesem Horoskop mit einem Quadrat zu Saturn. Auf die astrologische Grundbedeutung Saturns in seiner Zeichenstellung im neptunbeherrschten Zeichen Fische sind wir schon eingegangen, hier werden feste Strukturen aufgelöst. Doch der absolute Clou ist hier, dass sich eine Vollmondkonstellation exakt auf den mit Neptun in Konjunktion stehenden Uranus setzt. Die MC-IC-Achse stellt sich exakt so, dass sie zum Zeitpunkt des Erdbebenbeginns ein T-Quadrat mit dieser gespannten Konstellation bildet.

TÜRKEI 1999

Am 17.08.1999 erschütterte ein Erdbeben die Türkei, das eine Stärke von 7,4 auf der Richterskala erreichte. Von rund 45.000 Toten war die Rede. Über 20.000 wurden verletzt. Die meisten Menschen schliefen und konnten daher nicht mehr rechtzeitig aus den Häusern fliehen. An vielen Orten haben die Rettungsarbeiten erst am 3. Tag begonnen, so dass jede Hilfe zu spät kam. Für die Überlebenden konnte nicht einmal die Versorgung mit Lebensmitteln und Wasser gewährleistet werden.

Das türkische Gesundheitsministerium lehnte Blutspenden aus Griechenland ab, da sie das glorreiche türkische Blut verderben würden. Das chinesische Rettungsteam musste auf dem Flughafen über 8 Stunden warten, bis es mit der Arbeit beginnen durfte, dem armenischen Rettungsteam wurde die Einreise verweigert. Ausrüstungsgegenstände wurden mit Zollgebühren belegt. Auf diese Art hat der türkische Staatsapparat nicht gerade zur Lösung der sich stellenden Problematik beigetragen.

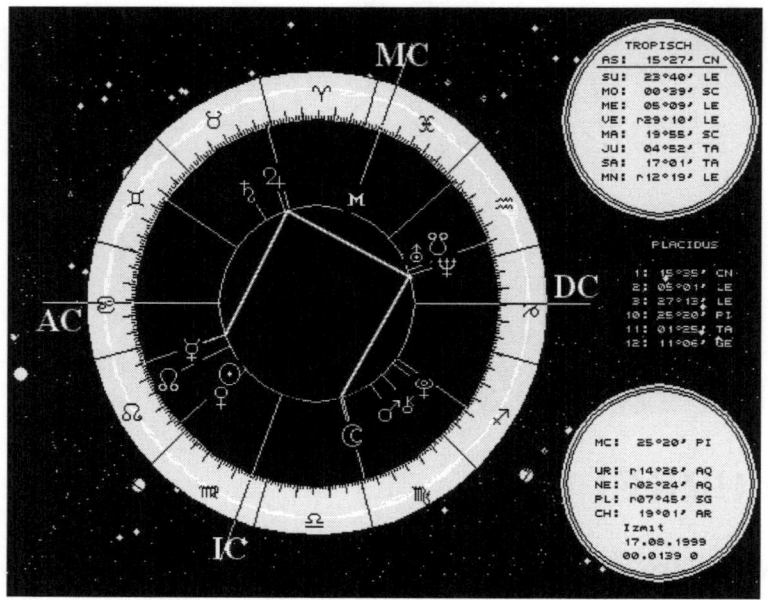

- **TÜRKEI 1999**
- **Epizentrum: 40.64N, 29.83E**
- **00:01:39.80 UTC**
- **Magnitude 7,4**

Wieder haben wir ein T-Quadrat in diesem Horoskop ausgehend vom Neptun der im Quadrat steht zu der applikativen Oppositon zwischen Mond und Jupiter. Neptun steht zwar immerhin im 7. Haus, aber nicht ganz so dicht an der Hauptachse, wie wir das aus den vorherigen Fällen gewohnt sind. In diesem Fall kommt die Auslösung über das geschlossene Quadrat zwischen Jupiter, Neptun, Merkur und Mond. Wir sehen, dass Mond und Jupiter genau in diesem Augenblick durch die MC/IC-Achse überschritten werden. Ein T-Quadrat finden wir zwischen Jupiter, Neptun und Merkur. Ein etwas schwächeres, da nicht ganz genau zwischen Uranus, Saturn und Mars. Drei T-Quadrate mit allen Signifikatoren in einem einzigen Horoskop, alles in allem eine enorm gespannte Grundkonstellation. Wir werden uns diesen Vorfall noch in Zusammenhang mit dem Erdbeben vom 03.02.2002 betrachten.

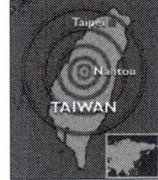

TAIWAN 1999

Das Zentrum dieses Erdbebens lag in der Nähe von Chi-Chi in Nantou / Taiwan, ca. 160 KM SSW von Taipei entfernt und ereignete sich um 01:47 Ortszeit am 20.09.1999. Das Unglück forderte über 2333 Todesopfer, 10.002 Menschen wurden verletzt. Über 100.000 Menschen wurden in kürzester Zeit Obdachlos, da tausende von Wohnhäusern einstürzten. Viele Brücken und Strassen wurden zerstört. In großen Teilen Zentral-Taiwans fielen die Strom- und Telefonverbindungen aus, ebenso wie die Wasserversorgung. Bereits kurz nach der Katastrophe meldeten sich Länder der ganzen Erde, um Taiwan ihre Unterstützung anzubieten. Selbst China, welches eigentlich schon lange Zeit mit Taiwan verfeindet war, da es seine Unabhängigkeit nicht akzeptierte. Jiang Zemin, der chinesische Präsident drückte Chinas Mitgefühl aus indem er sagte: „Das Erdbeben hat auch die Herzen der Menschen im Hauptland verletzt. Wir sind bereit jede mögliche Unterstützung zu bieten, um die Verluste auszugleichen."

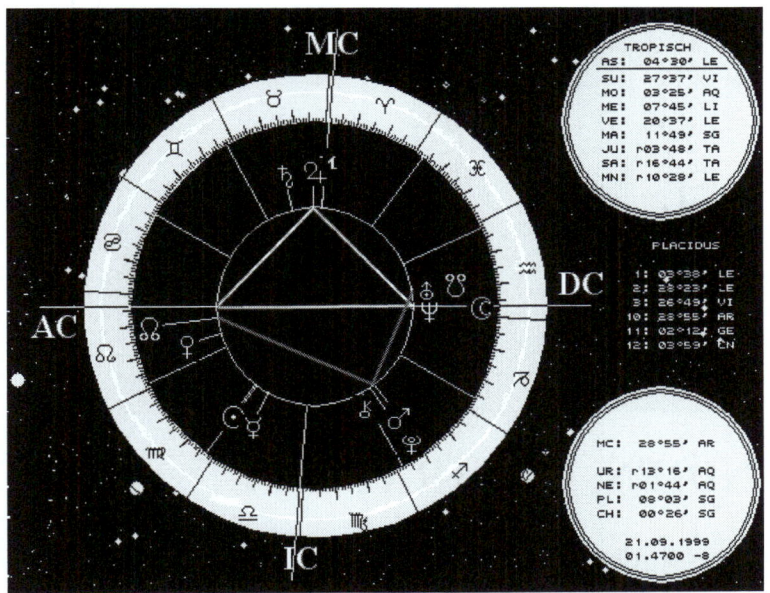

- **Taiwan 1999**
- **Epizentrum: 23.70 N, 121.57E**
- **01:47 Ortszeit**
- **Magnitude 7.6**

Alle Hauptsignifikatoren für Erdbeben stehen in einem Stellium am Deszendenten. Die AC-DC-Achse setzt sich aber nicht nur genau auf die Mond-Neptun-Konjunktion, sie steht zu dem in einem genauen Quadrat zum, zu diesem Zeitpunkt erdnahen, Jupiter. Ebenso begünstigt die Mars-Pluto-Konjunktion Gewalteinwirkung, sie steht zudem in einem Trigon zum aufsteigenden Mondknoten und einem Sextil zum absteigenden Mondknoten. Man beachte auch die Verteilung der in diese Spannungs-Konstellation eingebundenen Planeten, sie stehen alle in fixen Zeichen! Taiwan liegt meiner Meinung nach in einem sehr gefährdeten Gebiet, in dem es bald wieder zu Aktivitäten kommen kann. Es würde mich nicht wunder, wenn dann wieder eine Spannung zwischen den fixen Zeichen ein Auslöser wäre. Der Mond wird dann entweder in der Achse Löwe-Wassermann oder Stier-Skorpion stehen.

73

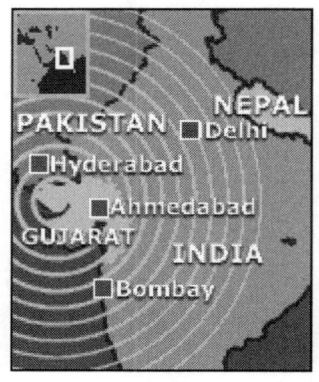 

INDIEN, GUJARAT 2001

Dieses Erdbeben erreichte eine Stärke von 7.7 auf der Richterskala und war spürbar vom Nordwesten Indiens bis tief nach Pakistan hinein. Ebenso wie in West Nepal und Bangladesh. Bis zum 15.02.2001 wurde der Tot von 18.602 Menschen bestätigt. 166.836 wurden verletzt und 600.000 verloren ihr Zuhause. 332.000 Häuser wurden zerstört, 751.000 stark beschädigt. Der Schaden betrug rund $1,3 Billionen US Dollars. Es handelt sich also um eine verhältnismäßig große Katastrophe. Bereits am 16.06.1819 gab es einmal in genau dieser Gegend ein Beben bei dem zwischen 1500–2000 Menschen ums Leben kamen. In dieser Hinsicht ist es natürlich besonders interessant wieder beide Horoskope miteinander zu vergleichen.

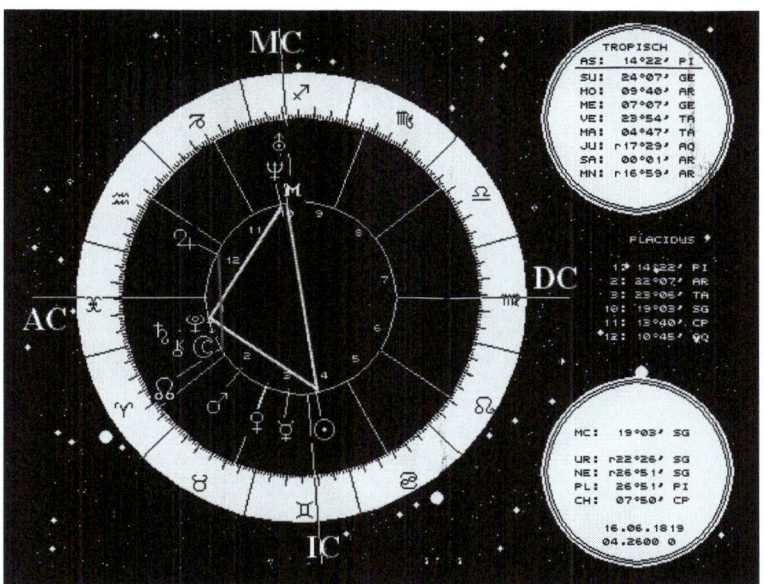

Tageskonstellationen des 16.06.1819 (Zeit unbekannt).

Man betrachte sich die Tageskonstellationen des ersten
Bebens in dieser Region. Leider können wir die Achsen,
Häuser nicht in die Wertung einbeziehen, auch die
Mondstellung ist nicht ganz klar, da keine genaue Zeit für
das Unglück bekannt ist. Zu dieser Zeit wurden Erdbeben
noch nicht aufgezeichnet. Dennoch ist die
Grundkonstellation für diesen Tag sehr aufschlussreich.
Steht hier doch die Sonne exakt in Opposition zu Uranus
und Neptun. Dieser Oppositionsaspekt ist eingebunden in
ein T-Quadrat mit dem Planeten Pluto. Dies ist eine sehr
gespannte Grundenergie die zudem alle klassischen
Merkmale einer Erdbebenkonstellation enthält.

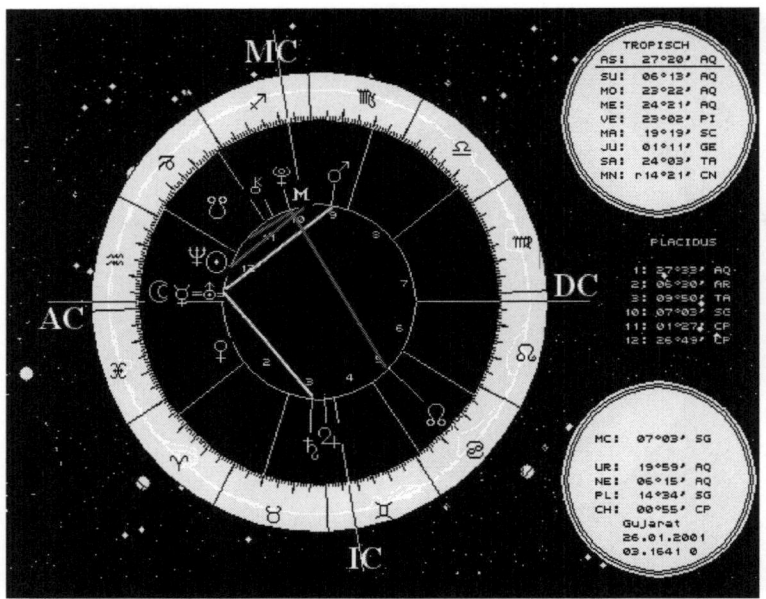

- **INDIEN GUJARAT 2001**
- **Epizentrum: 22°00N, 72°00E**
- **03:46:41 UTC**
- **Magnitude 7.7**

Schauen wir nun auf das Horoskop des Erdbebens von 2001 in dieser Region, so fällt auf, dass wieder die Verbindung zwischen Sonne, Neptun, Uranus und Pluto im Augenblick des Ausbruchs den Takt angibt, als sei dies für diesen Ort typisch. Die Sonne steht in einer absolut genauen Konjunktion mit dem Neptun im Wassermann. Beide Planeten machen somit einen Sextilaspekt zum MC und ein Trigon zum IC. Uranus im eigenen Zeichen Wassermann steht in Konjunktion mit Merkur und Mond, direkt an der Hauptachse, beim Aszendenten. Zudem geht er einen Quadrataspekt mit dem Mars ein, welcher ebenfalls in seinem eigenen Zeichen Skorpion steht ein. Eine enorme Spannung und wieder ein Quadrat zwischen zwei fixen Zeichen. Überhaupt sehen wir wieder eine Ballung von Energien in fixen Zeichen. Zwei Kämpfer, Mars und Uranus, rennen sich hier die Köpfe ein. Zwei Energien, die sich gegenseitig aufbrechen wollen. Der Mond läuft ins Quadrat mit Saturn, was kollektive Depression bedeutet.

TÜRKEI 2002

Kommen wir nun zum letzten und jüngsten Vorfall. Auch
zum Entstehungszeitpunkt dieses Buches verfolgte ich
natürlich das Geschehen am Himmel. Die Sonne lief gerade
in Konjunktion über die dicht beisammen stehenden
Planeten Neptun und Uranus. Zudem wusste ich, dass der
Mond beim Letzten schweren Erdbeben in der Türkei 1999
genau auf 0°39' im Zeichen Skorpion stand. (siehe Seite 68)
Natürlich hoffte ich nicht drauf, aber meine Vermutung,
dass es wieder zu einem Beben kommen könnte war wohl
nicht ganz unberechtigt, wenn es auch rund sechs Stunden
vorher zum Ausbruch kam, als ich gedacht hätte, gab es am
03.02.2002 ein schweres Erdbeben in dieser Region. Der
Mond stand zu diesem Zeitpunkt 27°59' im Zeichen Waage,
also gerade mal 3° von der Position beim Letzten Vorfall in
dieser Gegend entfernt!

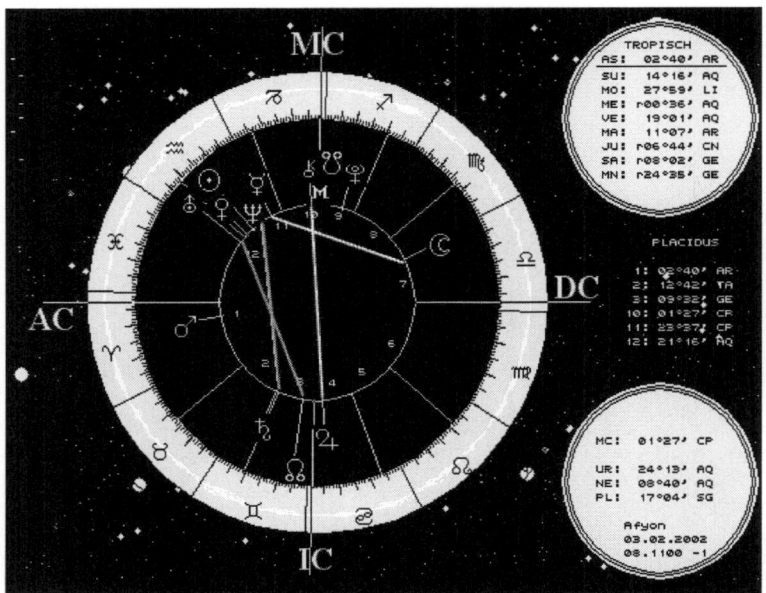

- **TÜRKEI 2002**
- **Epizentrum: Afyon**
- **08:11 MEZ**
- **Magnitude 6**

Auf den ersten Blick fällt sofort das Stellium im von Uranus beherrschten fixen Zeichen Wassermann auf. Saturn macht ein gradgenaues Trigon zu Neptun und Uranus ein gradgenaues Trigon/Sexil zu den Mondknoten. Für diese Region könnte die Achse Löwe-Wassermann bei der Auslösung von Erdbeben eine Rolle zu spielen. Ähnlich wie im ersten Fall steht hier der Jupiter wieder dicht an einer Hauptachse. Im letzten Fall stand Jupiter über dem Epizentrum und in diesem Fall 180° entgegengesetzt, also darunter. Es könnte sich um ein ortspezifisches Phänomen handeln, dessen Gründe noch zu erforschen bleiben.

Auch hier ist es höchst interessant die Horoskope beider Katastrophen miteinander zu vergleichen. Das in beiden Fällen der Mars im eigenen Zeichen, einmal im Widder, dass zweite Mal im Skorpion , mag man ja noch übersehen wollen. Aber die Beziehung zwischen Sonne und Uranus ist höchst interessant. Wir sehen, dass der Uranus im 1. Fall genau da steht, wo im 2. Fall die Sonne stand. Doch nicht nur das, die Sonne im ersten Fall stand in genauer Opposition zu dem Punkt wo im zweiten Fall nun der Uranus steht. In der Astrologie wird dieses Phänomen oft beobachtet, dass bestimmte Grade für bestimmte Ereignisse sensibilisiert werden. Man spricht auch vom kosmischen Gedächtnis. Was soviel heißen soll, dass bestimmte Tierkreisabschnitte beim Auftreten eines Ereignisses in Verbindung mit zukünftigen, artgleichen Ereignissen stehen. Auch in diesem Fall sehen wir wieder eine enge Verbindung der Mondstellung dieses Erdbebens und der Position bei dem letzten Vorfall dieser Art in der Gegend. Der Mond fällt hier astrologisch gesehen zwar in ein anderes Zeichen, aber das liegt daran, das die Position sehr dicht an einer Zeichengrenze liegt, denn vergleichen wir das Horoskop mit dem Beben von 1999, so sehen wir, dass die Mondpositionen bis auf 3° identisch sind.

Beziehung Sonne Uranus zwischen beiden Erdbeben		
	Konjunktion	Opposition
Türkei 17.08.1999	♅14°26' ♒	☉ 23°40' ♌
Türkei 03.02.2002	☉14°16' ♒	♅ 24°13' ♒
Mondposition bis auf 3° identisch		
Türkei 17.08.1999	☽ 0°39' ♏	
Türkei 03.02.2002	☽27°59' ♎	

PROGNOSEN

Die geografische Folge der letzten Erdbeben zeigt, dass offensichtlich eine Bewegung der Anatolischen Platte die Hauptursache für die jüngsten Erdbeben ist. Ich vermute, dass ein Druck von der Karibischen Platte aus eingeübt wird. Dies würde bedeuten, dass die Hauptgefahrengebiete für die nächsten Erdbeben in den an die Anatolische Platte angrenzenden Gebieten lokalisiert sind, sprich:

Indien, Afghanistan, Türkei, Taiwan, die Philippinien, Japan, Sumatra, Neu Guinea bedingt auch Spanien und Marokko, sowie Griechenland.

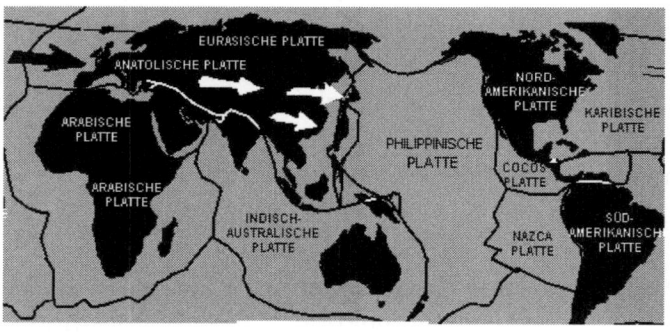

Insbesondere durch die kriegerischen Aktivitäten im Gebiet um Afghanistan und die mit den Explosionen verbundenen Erschütterungen ist diese Gegend einer erhöhten Gefahr ausgesetzt.

Weiterhin kann es in absehbarer Zeit (2003) zu schweren Erdbeben in der Gegend um San Franscico, Los Angeles und Kalifornien im allgemeinen kommen. Speziell aufgrund der bevorstehenden negativen Kollektiveinflüsse halte ich derartige Katastrophen in absehbarer Zeit für wahrscheinlich, denn die Konstellationen für die USA im allgemeinen in der näheren Zukunft sehen katastrophal aus. Doch bevor ich mich den Prognosen für die USA widme, hier noch einige Daten für Erdbebengefahr.

PROGNOSE - Erdbeben

Da sich meine Vermutung noch während des Druckes, des ersten Referenzexemplars bestätigt hat, dass die Epizentren bald folgender Erdbeben entlang der Anatolischen Platte verlaufen, gebe ich diese beiden Daten hier mit an, wenn ich sie auch nicht exakt datiert vorhersehen konnte.

- 25.03.2002 Afghanistan
- 31.03.2002 Taipei (wie vorhergesagt (S. 73) mit Mond im Skorpion zudem der Dispositor Mars im Stier)

Vorhersagen

Um den 31.01.2003 Kalifornien

- July 2003 allgemein Kalifornien, möglicherweise als Kettenreaktion nach dem Gebrauch atomarer Waffen.
- Zeit um den 15.08.2016 Gefahr eines Erdbebens im kalifornischen Raum Epizentrum etwa um **34° N, 118° W**

Immerhin sehen wir, dass es mittels der Mondstellung schon möglich ist gefährliche Tage in einem Monat in Bezug auf einen bestimmten Ort herauszufiltern. Auch kann man anhand allgemein sehr gespannter Konstellationen Gefahrenzeitfenster für Erdbeben ermitteln. Den letzten Feinschliff ergeben die Auslösungen solch gespannter Konstellationen durch die Hauptachsen.

Da sich Derzeit andere Entwicklungen in den Vordergrund, drängen über die ich berichten möchte, ist der Zeitaufwand für die Ausarbeitung einer detaillierten Auflistung, die sich jeder Leser mit einigen Grundkenntnissen der Astrologie und den Anregungen in diesem Buch selbst erstellen kann, im Moment zu hoch. Möglicherweise werden zu gegebener Zeit über die Internetseiten des Verlages hierzu weitere Daten veröffentlicht. Ich hoffe, dass ich hiermit einen kleinen Anstoß gegeben habe, selbst weiterzuforschen und zu beobachten.

SCHLUSSWORT

Wir haben nun eine Reihe von Erdbeben astrologisch durchleuchtet. Ich überlasse es jetzt dem Leser zu beurteilen, ob es sich bei all diesen Fällen um Zufälle handeln soll. Wenn es sich auch um Erdbeben handelt, lässt sich an den Ereignissen nicht viel rütteln, denn sie sind alle historisch belegbar und nun einmal so passiert. Vermutlich wird es ihnen jetzt genau wie mir selbst gehen. Sie müssen sich eingestehen, es gibt ganz offensichtlich bestimmte astrologische Muster, die immer wieder bei Erdbebenausbrüchen auftauchen, es sind auch schon einige Anhaltspunkte gegeben ein solches zeitlich zu bestimmen, aber wir haben noch kein sicheres System ein Beben genau vorherzusehen.

Wenn sich die Frage stellt, warum denn nicht immer absolut genau die gleichen Konstellationen zum Erdbeben führen, aber immer wieder Ähnlichkeiten auftauchen, so kann man hierauf nur antworten: Ganz einfach, weil auch die örtlichen Gegebenheiten eines Erdbebens nie genau gleich sind! Die geologischen Verhältnisse sind in vielen Erdbebengebieten vielleicht ähnlich, aber nie genau gleich. Selbst an einem bestimmten Ort wird es nach und nach auch Veränderungen in den Konstellationen geben müssen, da sich nach einem Beben auch die geologischen Kräfteverhältnisse mehr oder weniger ändern müssen. Solange nachvollziehbar bleibt, in welcher Form die Konstellationen sich im Bezug zu einem Ort verändern müssen, um derartige Katastrophen auszulösen, kann eine Anwendung astrologischer Methoden durchaus sinnvoll sein. Man muss zugestehen, dass die Seismologie wie sie derzeit betrieben wird, wenn auch fortgeschritten, immer noch eine große Lücke in der Früherkennung von Erdbeben aufweist.

Diese Lücke kann nur geschlossen werden, wenn Geologen sich bereit erklären neue, zusätzliche Beobachtungsmethoden mit in ihre Auswertungen einzubeziehen und vielleicht auch mal einen neuen Gedankenansatz, wie in diesem Buch dargestellt, anzuwenden. Das bedeutet die Konstellationen für jedes Beben ortsbezogen, astrologisch auszuwerten und über eine große Datenmenge nach zuverlässigen Wiederholungen und Mustern für spezifische Orte und Gegebenheiten zu suchen. Denn die Bewegungen in unserem Sonnensystem nehmen mit Einfluss auf die Bewegungen im Erdinneren. Alles ist eine Einheit. Wenn wir alle diese Beobachtung als Anstoß nehmen in dieser Richtung weiter zu forschen, dann wird dieses Wissen irgendwann wirklich, verfeinert und Allgemeingut werden und möglicherweise helfen Katastrophen vorzeitig ganz genau zu erkennen und dadurch Menschenleben retten. Leider bin ich kein Geologe, aber als Astrologe habe ich hiermit meine Pflicht getan und mitgeteilt, was die Welt wissen sollte. In diesem Sinne wünsche ich allen zukünftig einen festen Boden unter den Füssen und ein gesundes und intaktes Frühwarnsystem in Form der eigenen Intuition.

Michael Meyer

USA: PROGNOSE UND HINTERGRÜNDE

Die folgende Tafel enthält Prognosen, die auf astrologischen Zyklen beruhen. Diese Prognosen mache ich im März 2002! Ich will die etlichen Querverbindungen zwischen den verschiedenen relevanten Horoskopen einer gesonderten Arbeit zum Thema überlassen und ohne großes symbolisches Astrologiewerk einige Zusammenhänge aufdecken, über die der Leser auch ohne Astrologiekenntnisse nachdenken kann. Astrologiefreunde mögen mir deswegen verzeihen, dass ich die astrologische Aufschlüsselung ein wenig hintanstelle. Es ist geplant, in einem exklusiven Buch über die Geschichte der Vereinigten Staaten im Lichte der Astrologie genauer auf diesen Aspekt einzugehen. Im Moment erscheint es mir vorerst wichtig, einige Informationen an die Öffentlichkeit zu geben, die sich aus meiner Arbeit ergeben haben, welche die aktuelle Situation betreffen.

Einleitend muss ich sagen, dass ich selbst die USA liebe, ich bin weit in diesem Land gereist, habe dort viele schöne Orte gesehen und fantastische Leute getroffen. So manches Mal spielte ich sogar mit dem Gedanken, dorthin auszuwandern. Der folgende Text soll sich also keinesfalls gegen dieses wundervolle Land mit seiner grundsätzlich zu bejahenden, positiven, freien Lebensauffassung richten, aber es macht auch keinen Sinn, die Augen zu verschließen. Dieses hier ist vielmehr ein Hinweis auf die derzeitige Sachlage, wie sie den meisten Menschen erst in einigen Jahren voll bewusst sein wird. Die falsche politische Führung kann großen Schaden in einem Land, ja in diesem Fall sogar für die ganze Welt, anrichten. Die Politik der USA kann eine schlimme Krise für die gesamte zivilisierte Welt heraufbeschwören. Wir stehen an der Pforte zu einem Dritten Weltkrieg und dies verdanken wir nicht etwa Terroristen, sondern den aus dem Hintergrund operierenden Drahtziehern der US-Geopolitik. Die derzeitigen Ereignisse sind lediglich die Spitze eines Eisberges, der schon seit Jahrzehnten unter der Wassermarke gebaut wurde. Aber alles ist ein Zeichen dieser Zeit und muss sich seiner Natur gemäß entfalten. Ich erwarte durchaus nicht, dass man mir jetzt schon Glauben schenkt. Es ist die Natur der menschlichen Konditionierung, dass man dem Gewohnten zustrebt. Wahrheiten werden gerne verdrängt, wenn sie unbequem oder auch nur ungewohnt sind. Doch eines ist Klar, der Großteil des Volkes schläft! Die Medien gaukeln uns nur ein verzerrtes Bild von dem vor, was wirklich passiert. Die Menschen sehen nicht die Wahrheit, sondern das was sie glauben sollen! Die Zukunft wird für sich stehen und sie ist auf dieser Ebene unvermeidbar: Im laufenden Jahrzehnt wird sich die Weltordnung grundlegend ändern! Die gegenwärtigen Ereignisse sind ein Teil der Umstrukturierung. Amerika steht vor einer historischen Krise und es wird noch einiges an schmutziger Wäsche gewaschen werden müssen.

PROGNOSETAFEL USA 2002 - 2005

- **Mai 2002** es zeigen sich Entwicklungen, die vorerst positiv erscheinen. Der Präsident und die Regierung sind erfüllt mit Optimismus. Diplomatische Beziehungen können ausgeweitet werden. Negative Entwicklungen werden verdrängt, bahnen sich aber schon an. Allerdings stehen zu dieser Zeit noch helfende Einflüsse zur Seite, die für die Präsentation der USA dienlich sind, so dass zumindest in den nächsten Monaten diesen Jahres noch einmal geschickt vom eigentlichen Kern abgelenkt werden kann. Der Präsident versteht es noch, sich und sein Land in ein gutes Licht zu rücken. Dies wirkt sich zwar erst einmal positiv auf Partnerschaften aus, dennoch beginnt eine zweijährige Zeit, in der öffentliche Partner anfangen, sich zu distanzieren.

- **Juni** Die Lage ist sehr gespannt, überall köchelt und brodelt es. Wenn es nach außen auch nicht zu unerwarteten Gewaltereignissen kommen wird, so werden in dieser Zeit im Verborgenen unglaubliche Pläne verfeinert, welche amerikanische Bürger schwer treffen könnten. Dies betrifft in erster Linie den Gebrauch atomarer Waffen!

- **Juli**, ab dem 06.07. und innerhalb der folgenden drei Woche kann es zu einem ersten Anschlag auf das Leben des derzeitigen US-Präsidenten kommen, der jedoch noch glimpflich ausgeht.

- **Ende Juli, Anfang August 2002** zeigen sich ganz plötzliche kollektive Unruhen im Volk! Schlüsseldatum 23.07.2002. Neue Informationen, die jedoch noch weiter erforscht werden müssen, werden bekannt. Aufgrund dessen könnte eine Unterbrechung der Kriegsaktivitäten mehr oder weniger erzwungen werden! Wille und Absicht der USA können nicht durchgesetzt werden, Machtlosigkeit und Handlungsunfähigkeit bestimmen die Lage. Allgemeine Kritik am Handeln der USA breitet sich weiter aus. Die Effekte sind jedoch sehr gemischt, denn gleichzeitig sind noch sehr starke unterstürzende Aspekte im Spiel, die eine Bindung an US-Partnerschaften stärken. Gerade durch diese zuerst gut erscheinende Expansion offener Beziehungen stärken sich jedoch auch die Gegenstimmen, und es wird zum Verlust von Freunden kommen. Es scheinen sich unterschwellig zwei Lager zu bilden. Gegen Ende des Monats Juli wird sich Bush massiv angegriffen fühlen, seine Gedanken zur Kriegs-Politik werden jetzt eine extreme Wandlung erfahren.

- **September / Oktober 2002** George W. Bush erreicht den Höhepunkt seiner Macht. Sein Einflussbereich kann sich durch die aktuellen politischen Entwicklungen weiter Ausdehen. Er wird noch mehr Gewalt sähen. Unterdrückte Aggressionen des Präsidenten führen zu einer enormen Aufblähung seines Egos und damit verbundenen Kurzschlussreaktionen. Der Präsident möchte seinen Einflussbereich jetzt mit Gewalt weiter ausdehen. Machtdemonstrationen von seiner Seiten sind daher sehr wahrscheinlich.

- **Mitte Januar 2003** kommt es erneut zu plötzlichem Aufruhr. Die Handlungsweisen der US-Regierung und die Einstellung zu kriegerischem Handeln werden schwer kritisiert. Hieraus entwickeln sich Hindernisse, welche die Absichten der US-Regierung blockieren. Die Problematik von Juli /August 2002 wird damit wieder angesprochen.

- **Juli 2003** wird sich eine schwere Niederlage im Sinne einer großen historischen Staatskrise für die USA manifestieren, diese kann durch ein erschütterndes Attentat eingeleitet werden. Aber auch durch Veröffentlichung von bislang weiträumig unbekannter Informationen. Im Zusammenhang mit der gegenwärtigen Politik könnten sich der Bevölkerung noch einige Überraschungen auftun. Hieraus resultieren große Verluste an Ansehen und in Bezug auf diplomatische Beziehungen.

- **Im Oktober/November des Jahres 2003** beginnt der Zusammenbruch der Regierung der Vereinigten Staaten! Präsident Bush sieht 2003 seinem Ende entgegen! Die USA sind in einer schwarzen Zeit. Ab Mitte 2003 bis 2005 wird es sehr hart.

- **Januar /Februar 2004** Freunde der USA werden angegriffen. Bestehende Freundschaften stehen unter aggressiven Spannungen. Der nun offenkundige Machtwille stößt auf massive und entschiedene Ablehnung. Vergangenen Kriegshandlungen werden durch hinterhältige Angriffe gerächt.

- **Mitte 2004** erneut kommt es zu einem Zusammenbruch wichtiger Elemente der politischen Führung der USA. Das nationale Selbstwertgefühl wird zerstört.

- **September 2004** Insgeheim laufen Erpressungen. Alte Verträge werden von Grund auf neu überprüft. Einige Partner der USA fühlen sich erdrückt von der Last der „Diplomatie".

- **Ende 2004** Ein neuer Einfluss beginnt die Politik des Ausgleichs. Erhöhte diplomatische Bemühungen expandieren den Status der USA und definieren ihn auf eine neue gerecht erscheinende Art im folgenden Jahr.

- **Mitte 2005** gleiches Bild wie September 2004.

- **August 2005** Schlüsselmonat für den Ausgleich negativer Energien. Abschluss wichtiger Verträge, die eine hohe Bedeutung für die Stellung der USA in der Welt haben.

PROGNOSETAFEL NATO

Auch die NATO steht innerhalb der nächste drei Jahre vor schweren Prüfungen und grundlegenden Veränderungen! Erste Spannungen bahnen sich bereits weitgehend unbemerkt **Mitte 2002** an. Erweiterungen und leichte Umstrukturierungen sind in dieser Zeit möglich.

Ab **Ende 2003** und insbesondere **Mitte 2004** wird die NATO vor einer schweren Härteprüfung stehen.

Juli 2005 wird ein weiteres Schlüsseldatum. Es wird zu starken Spannungen unter den Mitgliedern kommen, die zu einem Zusammenbruch sämtlicher Grundlagen führen wird, die für einen Fortbestand komplett neu strukturiert werden müssten.

MOTIVATIONEN

Folgende Gedankenschemen sind klar wahrnehmbar. Sie sind für die weiteren politischen Entwicklungen von leitender Bedeutung.

Es manifestiert sich die Absicht eines Atomwaffenanschlags auf Manhattan. Es wird im nächsten Schritt nicht etwa ein kleiner Terrorakt auf ein Brücke oder ein Gebäude geplant, die ganze Insel soll vernichtet werden! Der nächste Schlag wird erneut der Menschheit den Atem rauben und sie fassungslos vor den Fernsehschirmen sitzen lassen. Dennoch sind Taliban und Al-Qaida ein temporäres, möglicherweise sogar nur ein imaginäres Problem der US-Politik, Opium fürs Volk, viel schlimmer ist der Feind im eigenen System, und was sich aus diesem Konflikt durch die langfristigen Motivationen der USA weiter entwickeln kann! Auch wenn es sich um ein schreckliches Szenario handelt, so muss man klar sehen, dass es durch eine andere politische Strategie der USA nicht stattfinden würde. Das in diesem zweiten Jahrtausend die neue Weltordnung errichtet werden soll, ist lange geplant und dies bedarf massiver Methoden.

Die gegenwärtigen Ereignisse wurden durch die Medien bislang mutwillig stark verzerrt und bewusst falsch dargestellt. Dies ist ein Teil der strategischen Kriegsführung. Wir müssen die gegenwärtige Lage in einem viel größeren Zusammenhang betrachten!

Von Seiten der USA ist ein Krieg seit langem schon unbedingt gewollt! Dies geht sogar bis zu einer strategischen Billigung der Ereignisse am 11. September, die ohne weiteres hätten vermieden werden können! Langfristig sollen die Machtstrukturen noch weiter global stabilisiert und ausgedehnt werden. Wenn auch zum jetzigen Zeitpunkt die Aktivitäten in Afghanistan im Vordergrund stehen, so ist langfristig eine globale Beherrschung und Kontrolle sämtlicher politischer Einheiten dieser Welt geplant. Der erste Schritt hierzu ist der Versuch der diplomatischen Unterwerfung. Eigenständigkeit wird dabei nicht abgelehnt. So lange die einzelnen politischen Parzellen mit der US-Politik mitziehen, gelten sie als Freunde, unterstehen jedoch dem Dirigentenstab der US-Interessen. Diese Vision ist für weite Zeiträume über viele Jahrzehnte fokussiert und wird sich Stück für Stück immer weiter herauskristallisieren. Auf lange Sicht macht dies auch einen Konflikt mit China unausweichlich! Die Geostrategen der USA haben daher ein ganz aktives Interesse an der Stabilisierung und Ausweitung der EU sowie der NATO. Ganz einfach weil ein Bündnis leichter zu Kontrollieren ist als viele Einzelstaaten, in denen jeder sein eigenes Süppchen kocht. Hinzu kommt, dass die EU der Brückenkopf zur Erschließung des mittleren Ostens und in weiteren Schritten Asiens ist.

Das klare Ziel der US-Strategie, welches im Rahmen eines Jahrhundertplans erreicht werden soll, ist es, die Rolle einer globalen Weltregierung anzunehmen. Man muss klar sehen, dass dies die Leitenergie ist, nach der sich alle Entscheidungen der US-Politik ausrichten und das nicht erst seit kurzem. Bereits jetzt ist der größte Teil der Welt in irgendeiner Hinsicht abhängig von den USA oder wird zumindest von ihnen kontrolliert, sei dies nun wirtschaftlich oder militärisch. Im Prinzip wäre da auch gar nichts gegen einzuwenden, wenn die Macht wirklich von Leuten ausgehen würde, welche die hohen Ideale und Ethikvorstellungen leben würden, die sie vorgeben zu verehren, gegen die sie jedoch im Eigeninteresse zu Lasten der Schwächeren ständig verstoßen. Macht zu haben ist an sich keine Schande, Macht zu missbrauchen führt allerdings zu Aggressionen und Gegenenergien, die sich früher oder später vernichtend gegen einen selbst richten werden.

Sicherlich könnte uns nichts besseres passieren als eine vereinigte Welt unter einer ethisch und menschlich hochstehenden, globalen und absolut demokratischen Regierung, die dennoch die Individualität und Kulturwerte der einzelnen Völker erhält und für jeden Einzelnen gewährleistet, dass er seinen eigenen Weg gehen kann, ohne anderen zu schaden. Dies jedoch mit Gewalt und Dampfwalzenpolitik durchzusetzen, widerspricht der Philosophie eines solchen Zieles. Solange persönliche Vorteile dem Handeln für das Ganze vorgezogen werden, disqualifizieren sich die Vereinigten Staaten für die Rolle einer solchen Weltregierung. Wenn derzeit die Machtverteilung auch zu Gunsten der USA ausfällt, so muss man klar sehen, dass sich gewaltige Gegenenergien in der Welt aufstauen, wenn bestimmte Gruppen nicht auf faire und menschliche Weise in die Planung einer Weltregierung eingeschlossen werden. Dies kann zu einem Zusammenbruch der gesamten gegenwärtigen politischen Strukturen und einem unkontrollierbaren Chaos führen.

Bush selbst drückt die Haltung der US-Politik wunderbar aus, wenn er sagt: *Wer nicht für uns ist, ist gegen uns!* Neutralen Respekt ohne feindliche Gesinnung scheint es hier nicht zu geben, denn im gleichen Atemzug wird bekundet, dass man nicht davor zurückschrecken wird, alle erdenklichen Waffen und Methoden gegen seine Gegner einzusetzen. Dass diese Äußerung im Prinzip eine Kriegserklärung an alle ist, die sich nicht aktiv den Motivationen der US-Politik anpassen wollen, wird von mancher Seite offensichtlich gar nicht voll realisiert oder aus Angst vor der Konsequenz dieser Aussage verdrängt. Diese Aussage entspringt dem Geist einer wachsenden globalen Machtdiktatur unter dem Deckmantel der amerikanischen Demokratie. Dabei werden diktatorische Systeme von der USA doch angeblich aus Gründen der Ethik und Menschlichkeit bekämpft? Aber wie sagt schon eine alte Zen-Weisheit: **Das Fass welches am lautesten dröhnt ist hohl.** Hier erhält man sich gerne eine doppelte Moral. In Wirklichkeit wird eine Diktatur von der USA nur dann zum Bösen verteufelt, wenn diese für eine Ausweitung der eigenen Machteinflüsse nicht mehr zweckdienlich ist, vorher wird fleißig kooperiert und zugespielt. Führt eine solche Kooperation nicht zum besagten Erfolg, oder will man die ehemaligen Helfer schnell loswerden, so wird mit Hilfe aller möglichen Manipulationsmethoden dem Volk ein Feindbild suggeriert, welches die Gegenseite vernichten soll. Man muss nicht unbedingt gleich für die Gegenseite sein, um festzustellen, dass ein derartiges Verhalten höchst unaufrichtig ist und zweifelsfrei zu Argwohn und Vergeltungsgedanken von entsprechender Seite führen muss. Ich finde es ehrlich gesagt erschreckend, zu beobachten wie leicht andere politische Einheiten sich gegen einen ganz bewusst strategisch konstruierten Gegner aufstacheln lassen und sich unter dem Decknamen des Antiterrorismus selbst daran beteiligen, in unserer Welt Terror zu verbreiten. Es wäre alles weitaus weniger verlogen, wenn die US-Regierung bei dem ganzen Spektakel nicht selbst ihre Finger im Spiel hätte! Doch selbst dann stünde der Kampf gegen eine Hand voll Terroristen in keinem Verhältnis zur Verwüstung eines ganzen Landes!

Man stelle sich vor, es hätte ein Attentat in Deutschland gegeben und die Täter wären nach Amerika geflohen. Was wäre jetzt, wenn Deutschland anfangen würde auf Grund dessen US-Städte zu bombardieren und danach Päcken mit einer deutschen Flagge und Sauerkrautkonserven abwürfe? Das ganze mit der Bemerkung, dass man ja nur Terroristen jage und gar nichts gegen die US-Bevölkerung habe. Das Bild wirkt absurd, aber dem Prinzip nach unterscheidet es sich nicht groß von dem, was die USA derzeit tatsächlich praktizieren. Mit dem einzigen Unterschied, dass in diesem Fall ein armes und wehrloses Land geschlagen wird. Es wird Zeit, dass die Welt eine offene Überprüfung der Sachverhalte, die zu dem WTC-Attentat geführt haben, startet!

DER SCHACHZUG AM 11. SEPTEMBER

Natürlich waren die Vorgänge am 11. September 2001 für alle ein schrecklicher Schock. Außer natürlich für diejenigen, die schon vorher informiert waren. Dieses Ereignis kam der Regierung gar nicht so ungelegen, wo die Weltöffentlichkeit doch nun versteht und deckt, dass der Krieg in den Ländereien, die zu den interessanten Bodenschätzen führen, jetzt unausweichlich ist.

Ein großer Teil der Weltöffentlichkeit glaubt immer noch hier ginge es nur um eine reine Terroristenjagd, in Wirklichkeit hat man auf so eine Gelegenheit gewartet und sich auch keine große Mühe gegeben sie zu vermeiden! Im Gegenteil, es gibt da einige klare Hinweise, dass ein Bin Laden in diesem schlechten Film allenfalls als Randfigur eine Rolle spielen kann. Die Auflistung im Folgenden ist nur ein kleiner Ausschnitt der Ungereimtheiten. Es wird Zeit, dass die Weltöffentlichkeit anfängt, sich für diese Seite zu interessieren! Es kann nicht sein, dass die führenden Politiker angesichts der amerikanischen Übermacht kuschen, klein bei geben und sogar noch mit in den Krieg ziehen, der eindeutig rein wirtschaftlichen und machtpolitischen Interessen dient. Eine Billigung dieses Verhaltens wird die Welt in den kommenden Jahren ins Unglück stürzen.

- Die eingeweihten Geheimdienstmitglieder der US-Regierung machten offensichtlich kurz vorher noch schnell ein paar lukrative Insidergeschäfte an der New Yorker Börse. Die Umsätze für United und American Airlines, sowie für verschiedene Versicherungen gingen auf Grund dieser Insidergeschäfte um ca. 1200 % in die Höhe, ein Milliardengeschäft, alles eine Woche vor dem Attentat und offensichtlich in eigenen Kreisen! Die Spur wird natürlich nicht zurückverfolgt. Man hat der Welt ja den Sündenbock schon präsentiert. Ich will damit nicht sagen, dass Bin Laden ein Engel ist, aber ein solches Attentat wäre ohne die Mitarbeit der Geheimdienste undenkbar gewesen, und es gab in der eigenen Regierung einflussreiche Leute, die davon wussten und sich das Schauspiel seelenruhig angesehen haben, weil es ihren Absichten gelegen kam.

- Acht als unzerstörbar geltende Black Boxes wurden angeblich zerstört, so dass niemand mehr die Daten aus den Cockpits der vier Flugzeuge auswerten kann. Diese Black Boxes sind so konstruiert, dass sie die doppelte maximale Hitze, die durch eine Explosion von Flugzeugtreibstoff erzeugt werden könnte, überstehen. Selbst bei einem einzigen oder zwei Exemplaren ist die Zerstörung höchst unwahrscheinlich, aber gleich alle acht? Von den unzerstörbaren, zerstörten Black Boxes keine Spur mehr, man lässt sie diskret verschwinden, statt dessen findet man leserliche Papierpässe in den Trümmern, die angeblich auf die Identität der Entführer hinweisen sollen. Erstaunlich, erstaunlich! Vielleicht sollte man Black Boxes in Zukunft auch aus Papier herstellen?

- Schon zwei Tage nach dem Unglück präsentiert das FBI eine Liste mit den für schuldig befundenen Attentätern. Innerhalb der folgenden zehn Tage stellt sich raus, dass sieben dieser Leute noch leben! Waren die Killertruppen der Geheimdienste nicht schnell genug, um die Sündenböcke auszulöschen?

- Warum sollte ein Terrorist einen Abschiedsbrief schreiben, den er in eine Tasche steckt, die normalerweise in einem Flugzeug gelandet wäre, dass eh abstürzt? Wer hätte es lesen sollen? Kennen die keine Briefkästen oder Kurierdienste? Wäre doch viel einfacher, sicherer und sinnvoller gewesen. Nur „zufällig" landet die Tasche nicht im Gepäckraum des richtigen Flugzeuges.
- Und warum gebrauchte er als gläubiger Muslime Formulierungen, die völlig kulturfremd und ungebräuchlich sind? Formulierungen, die nach Expertenmeinung eher das wiedergeben, was ein Mensch aus dem westlichen Kulturkreis sich in seinem christlichen Leichtsinn als muslimisch vorstellen würde?

- Am 31. Oktober enthüllt in Frankreich die führende Tageszeitung *Le Figaro*: Osama Bin Laden wurde noch im Juli, während er sich im Amerikanischen Krankenhaus in Dubai einer Nierenbehandlung unterzog, persönlich von einem CIA-Beamten kontaktiert. Er traf am 4. Juli vom pakistanischen Quetta aus in Dubai ein und wurde direkt ins Krankenhaus gebracht. Dort wurde er nicht nur von Familienangehörigen besucht, sondern auch vom örtlichen CIA-Mann. Dieser wurde am folgenden Tag von Radio France International als ein Lary Mitchell identifiziert. Er besuchte Bin Laden am 12. Juli und flog am 15. Juli, einen Tag nach Bin Ladens Abreise, in die USA zurück.

- Leute die kurz nach dem Einsturz interviewt wurden berichteten, sie hätten eine Reihe von Explosionen gehört und erst dann waren die Gebäude zusammengefallen. Angeblich Gasleitungen, wie man den Medien sagte. Aber deckt sich diese Aussage mit den Sicherheitssystemen und Konstruktionsplänen des Gebäudes? Der Architekt, der die WTC-Türme entwarf, erklärte, dass die Türme extra so entworfen worden seien, dass selbst eine einschlagende Boing 707 sie nicht zum kompletten Zusammensturz bringen könnte und er erklärte das vor einem internationalen Bündnis gegen Terrorismus in Frankfurt, Deutschland, er tat das genau am Mittwoch vor dem Attentat!

- Und wie können vier Flugzeuge über eine Stunde vom Kurs abweichen ohne von einem der zahlreichen Überwachungssysteme geortet zu werden? Selbst wenn bei vier Flugzeugen gleichzeitig plötzlich der Flugsender abgeschaltet war, so wäre dies allein doch Grund genug gewesen, einzugreifen! Vier Flugzeuge verschwinden nicht einfach so vom Radarschirm, man konnte den Kurs jederzeit nachvollziehen. 26 Geheimdienste mit einem Etat von über 30 Milliarden \$, der genau dafür eingesetzt wird, solche Fälle mit allen Mitteln zu vermeiden und keiner hat was gemerkt!?! Jeder, der etwas gesunden Menschenverstand hat, muss einfach zu dem Schluss kommen: „Jungs, ihr seid euer Geld nicht Wert oder ihr ward dabei." Selbst für den nahezu unmöglichen Fall, dass Flughöhe und Position von vier Linienmaschinen plötzlich auf sämtlichen Radarschirmen verschwunden wären, warum wurden dann die Fluglotsen nicht informiert? Das wäre ein Grund für höchsten Alarm.

- Insbesondere im Bezug auf den Flug AA-77, der erst nach dem WTC-Unglück mindestens 40 Minuten vom Kurs abwich und auf Washington zuflog, war massenhaft Zeit, Militärflugzeuge einzusetzen sowie die nationalen Sicherheitspläne zu aktivieren. Warum gab es keinen Alarm, nicht einmal als das erste Flugzeug kollidierte, wo doch klar war, dass noch drei fehlten. Im Gegenteil, laut Auskünften aus Insiderkreisen wurden die Abfangjäger ganz bewusst noch über eine Stunde von Militär und Geheimdienst am Boden gehalten! Warum?

So etwas kann ganz offensichtlich wirklich nur im Land der unbegrenzten Möglichkeiten passieren. Ein Märchen für Erwachsene mit politischem Hintergrund und fatalen Konsequenzen.

DER SCHWANZ FOLGT DEM KOPF

Die Strategie der USA ist es, ein Ereignis passieren zu lassen, welches die Weltöffentlichkeit traumatisiert. In diesem Zustand kann man dem Volk fast alles erzählen, kaum einer fragt genau nach, denn man sucht verzweifelt nach einer Antwort. Gibt man in diesem Augenblick dem menschlichen Intellekt eine einfache Erklärung und einen Sündenbock für die Ursachen dieses Ereignisses, so wird augenblicklich der ganze Kummer, Schmerz, Empörung und Hass auf diesen projiziert. Zumindest ist dies die Art, wie die große Masse reagiert. Es wird nicht mehr hinterfragt oder ergründet, man schreit nach Vergeltung. Den Strategen kommt es nur darauf an, dass man einen Krieg führen kann und es vor der Welt so darstellbar ist, als hätte die andere Seite angefangen. Aber nicht nur das, hier wurde ein Ereignis konstruiert, welches die Welt weiter zusammenrücken lassen sollte, und eine Kluft zwischen der sogenannten zivilisierten Welt und dem absolut bösen primitiven Feind schlägt, welcher – oh Wunder über Wunder – sich plötzlich genau in dem Gebiet aufhalten soll, welches für die USA im Moment strategisch am interessantesten ist. Unter dem Druck eines imaginären Feindes erhofft man sich Unterstützung, Stabilisierung und Expansion der EU und der NATO bei den folgenden strategischen Kriegen im mittleren Osten. "Amerika" wollte seinen Krieg. Natürlich nicht das weite Volk, genau genommen sind es die Drahtzieher der amerikanischen Geopolitik, die diesen Krieg wollen und schon länger darauf hingearbeitet haben! Die Massen werden auf verschiedenen Wegen mental manipuliert. Es ist beispielsweise kein Zufall, wenn kurz vorher das Volk von der geheimdienst- und Mafiaunterwanderten Filmindustrie noch ein wenig mit einer monumentalen *Pearl Harbor*

Verfilmung berieselt wird, wo die ach so unschuldigen Amerikaner ja schon mal so bös überfallen wurden. Pathetische Sätze dröhnen durch den Kinosaal, die den Krieg als notwendigen Schritt zum nun erreichten Lebensstandard darstellen. Dies ist ein Teil der psychologischen Kriegsführung! So werden die Massen in patriotische Kriegsstimmung versetzt. Junge Leute wollen Helden werden und der Durchschnittsbürger wird subtil vorbereitet „Ja" zu einem Krieg zu sagen. Das wirklich schreckliche daran ist, dass es die Massen sind, die unter dem Fehlverhalten einiger weniger leiden müssen. Das Gleichgewicht in der gesamten Welt wird dadurch empfindlich gestört. Für die USA hat ein solcher Krieg neben dem Hinarbeiten auf die Ziele der weiter oben genannten Grundstrategie viele Vorteile. So hat ein dauerhafter Krieg für die USA recht interessante wirtschaftliche Folgen, Krieg kann die Rezession durchaus günstig beeinflussen. Unter umständen ist ein Weltkrieg und das damit verbundene Zusammenbrechen des Weltwirtschaftsystems sogar eines der wenigen Mittel der gigantischen Verschuldung entgegenzuwirken. Zudem möchte man sich die Kriegsgebiete endlich soweit erschließen, dass man die begehrten Pipelines und Gasleitungen zu den großen Ölfeldern im Kaukasus bauen kann! Die Erschließung dieser rohstoffreichen Gebiete würde den Verbrauch der USA für mindestens eine komplette Generation abdecken, aber dafür muss man durch Afghanistan! Vielleicht ist es ja auch ganz interessant, die militärische Präsenz auf das kaspische Meer und Zentralasien auszuweiten? Mal sehen, wie es von da weiter geht. Langfristig wird hier Stellung aufgebaut, um in den weiter folgenden Jahren einen Krieg gegen China zu führen. Denn China ist das einzige Land, welches als echte Weltmacht noch gefährlich werden könnte. Es wäre somit von Vorteil, wenn man Russland als weiteren Puffer zum Beitritt in die NATO bewegen könnte. Irgendwann dann wird wieder ein Pearl Harbour- oder 11. September-Ereignis inszeniert werden, damit auch alle begreifen, dass man ja wieder nur gegen das Böse kämpft und das heißt dann China. Öl ist Macht, und um Macht, Wirtschaft und Öl geht dieser Krieg, nicht um Terroristen. Wie auch immer, mit Terroristenjagd hat dieser Krieg genauso wenig zu tun wie Hochseefischen mit einem Swimmingpool.

Im Gegenteil, um angeblich eine Hand voll Terroristen zu fangen, terrorisiert die mächtigste Nation unserer Erde selbst eines der ärmsten Länder dieser Welt. Mangels militärischer Ziele werden Erdhäuser, Rot-Kreuz-Lagerhäuser, Spitäler und Lastautos zerstört, auf denen Flüchtlinge transportiert werden. Terroristen hat man nicht gefunden. Das ist auch „besser" so, denn sonst gäbe es ja keinen Grund auf diese Art weiter vorzudringen. Bin Laden ist das geschaffene Kriegsalibi! Geheimdienste und Drahtzieher dieser Aktion werden schon dafür sorgen, dass er nicht zufällig doch noch entdeckt wird, denn es besteht ein aktives Interesse daran diesen Krieg weiter zu führen. Und die Weltöffentlichkeit wird über die Medien weiterhin für dumm verkauft!

Es war klar, dass es unter Bush II wieder einen Krieg geben wird, schon weit vor dem 11. September! Wenn es keinen 11. September gegeben hätte, hätte man sich was anderes ausgedacht, um die Pläne des Vaters weiterzuverfolgen. Nicht nur weil George W. Bush dies selbst so will, dafür fehlen ihm allein die entsprechenden geistigen Anlagen, denn er ist in diesem ganzen Schachspiel auf unserer Weltkugel nichts weiter als ein repräsentativer, naiver Strohmann, der auf Grund seiner Einfachheit nicht einmal voll bemerkt, in was für einen Prozess er da eingebunden ist. Das geeignete Werkzeug für Manipulation. Er denkt, die Welt ist eine Sandkiste und wir spielen alle Cowboy und Indianer! Er mag sich für den Häuptling halten, aber die wirklichen Fäden ziehen Leute im Hintergrund, genau die Leute, wie auch schon unter Bush Senior. Dieser Krieg ist Bestandteil eines alten Planes, der bereits zur Amtszeit des ersten Bush-Präsidenten in seinen Grundzügen existierte und durch Einsatz seines Sohnes nun „erfolgreich" weitergeführt werden konnte. **2003 und die Zeit danach wird kommen und es wird die Lebensniederlage für Präsident George W. Bush und einer der größten Rückschritte für die USA. Hier steht mein Wort und es gibt nichts was dagegen gesetzt werden kann, es ist im Fluss der Zeit bestimmt, und es gibt keine Möglichkeit es aufzuhalten. Die Regierung der vereinigten Staaten steht vor einer schweren Krise!** Die wirklich Verantwortlichen sollten für ihre Handlungen grade stehen müssen. Da helfen auch keine Videos mit falsch übersetzten Textstellen.

(siehe das Monitorvideo ARD vom 20.12.2001 im Internet http://www.wdr.de/tv/monitor/real.phtml?id=379)

Ich stimme überein, der Anschlag auf das WTC war eines der größten Verbrechen der laufenden Geschichte. Allerdings wird sich noch erst zeigen, wer die wahren „Schurken" und „Evil Persons" in diesem Massaker waren und somit auch für das was daraus folgt Verantwortung tragen. Wie lange wird die Weltöffentlichkeit noch weiter schlafen? Amerika wird vor der ganzen Welt an Gesicht verlieren!

Amerika verdient Bedauern, nicht aber seine derzeitigen Regierungsverantwortlichen. Mögen die USA und die Welt davon befreit werden.

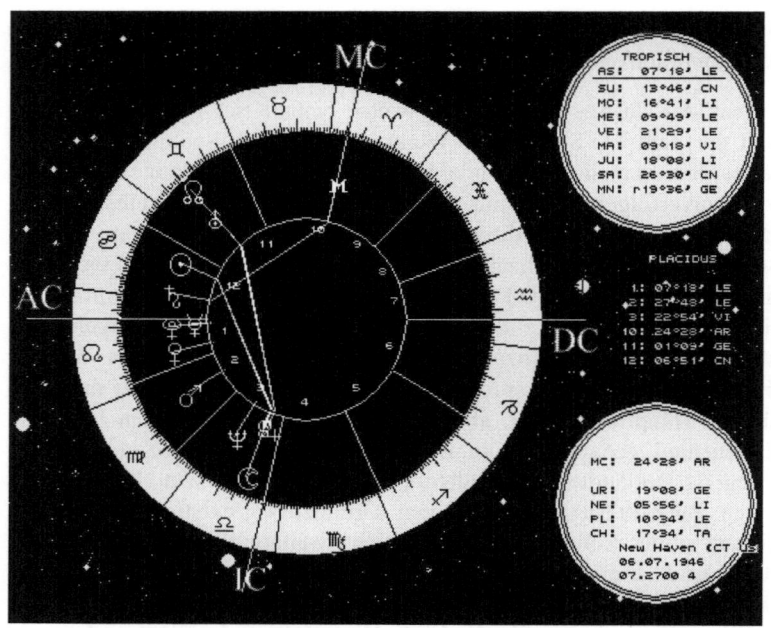

Horoskop von George W. Bush, 43. Präsident der USA

GEORGE W. BUSH

Als Astrologe sollte man eine Kunst beherrschen, die ich den anderen aus dem Herzen verstehen nenne. Das bedeutet nicht, dass man sich in ihn verlieben muss, was mir im Fall Bush auch schwer fällt. Es bedeutet nur die psychologische Struktur des anderen zu verstehen, seinen Entwicklungszyklus und die daraus für ihn resultierenden Handlungsmöglichkeiten zu erkennen. Man mag von Familie Bush halten was man will, im Endeffekt haben wir es hier mit einer Gruppe von Leuten zu tun, die weitgehend durch illegale und rücksichtslose Methoden an die Macht gekommen sind. Diese Macht wird nicht zum Wohle des Volkes eingesetzt, sondern hauptsächlich für die Förderung der Interessen der eigenen Gruppe. Die Handlungen gehen hier mehr von der triebhaft, instinktiven Ebene des Selbsterhaltungstriebes, als von ethisch entwickeltem Bewusstsein aus. Auch der derzeit amtierende Präsident der USA George W. Bush verdankt seine Ernennung zum Präsidenten hauptsächlich dem politischen Einfluss seiner Familie und Hintermänner. Die Wahlen waren fingiert, ein simpler Betrug! Allgemein im Gespräch ist dies ja schon gewesen, aber wen kümmert das noch, wenn auf einmal Flugzeuge in Hochhäuser fliegen? Dann hat die Welt wirklich andere Probleme. Ein Grund mehr es einfach geschehen zu lassen. Wenn es nicht zu sehr durch die allgemeinen weltpolitischen Ereignisse überschattet wird, so wird es frühestens 2003

94

wirklich ans Tageslicht kommen. Dass der Oberste Gerichtshof trotz des äußerst knappen Wahlergebnisses eine Nachzählung der Stimmen im Bundesstaat Florida untersagte, der rein „zufällig" von Bush Bruder Jeb regiert wird, ist nur einer der äußeren Hinweise hierfür!

Die unter Bush II zu erwartenden Veränderungen im Land waren von Anfang an negativ zu beurteilen. Dabei braucht man weder Astrologe noch Hellseher zu sein, um das zu verstehen. Allein 150 Hinrichtungen hatte der ehemalige Gouverneur (George W. Bush) des Bundesstaates Texas veranlasst, um Texas von Drogen frei zu halten. Diese extreme Haltung wurde jedoch hauptsächlich eingenommen, um einen psychologischen Abstand zur eigenen ehemaligen Drogenabhängigkeit und Alkoholsucht zu schaffen, und der Öffentlichkeit zu demonstrieren, was für ein ehrenwerter, sauberer, rechtschaffener Mann man doch nun geworden ist. Denn wer so extrem gegen etwas ist, kann ja nicht mehr zum Kreis der üblen Vergangenheit gehören. Ein einfacher Geist präsentiert seine Show und profiliert sich auf der Basis von Menschenleben. Das Familie Bush über die Geheimdienste der US-Regierung selbst in den Drogenhandel verstrickt ist erfährt natürlich öffentlich niemand, wenn es auch in politischen Insiderkreisen bekannt ist. In der Tat war es dann in Texas auch nicht so sauber, der Staat ist der größte Luft- und Wasserverschmutzer der Nation und hat die meisten Kinder ohne Krankenversicherung, sowie den größten Prozentsatz arbeitender Eltern, welche unterhalb der Armutsgrenze leben. Wie im Kleinen, so im Großen. Es war nicht zu erwarten, dass jemand mit diesem Hintergrund Amerika in den Wohlstand führen wird. Zudem kommt er aus einer Familie mit sehr gefährlichem politischen Background, auch wenn das dem Grossteil der Öffentlichkeit nicht klar ist. Wie sein Vater auch, ist Bush Mitglied des Geheimbundes: *Skull and Bones*, eine Loge mit sehr skurrilen Riten, die zudem einige sehr zweifelhafte Ansichten über die Wohltaten des Krieges vertritt! Unter einer Bushregierung wird es daher immer Krieg geben! Schwarzen und Juden ist übrigens die Aufnahme in diese Loge verboten. Der Vater des ersten Bush-US-Präsidenten hieß Prescott Bush. Er war zusammen mit seinem Schwiegervater George Walker ein großer Förderer Adolf Hitlers! Als Präsident der *Union Banking Corp.* unterstützte er Hitlers aufstieg und sympathisierte auch stark mit dem rassistisch geprägtem Gedankengut, welches sich bestens mit der Philosophie von *Skull and Bones* deckt.

In seiner ersten Lebenshälfte war Bush Jr. der Außenseiter seiner Familie. Alkohol, Drogenexzesse und Partyleben bestimmten sein Leben, immer wieder geplagt von Minderwertigkeitskomplexen. Alles was er anfasste war in kürzester Zeit ein Misserfolg. Astrologisch spiegelt sich dies durch die problematische Saturnstellung im Quadrat zur MC/IC-Achse. Das MC ist die Zielrichtung im Leben, die Berufung und Saturn blockiert diese immer wieder und sorgt für schwere schicksalhafte Prüfungen. Er fühlte sich also als Versager, aber wozu hat man Papi und seine Freunde. Der hat dann ein wenig nachgeholfen, dass aus Sohnemann doch noch was wird. So wird man dann also erst mal Gouverneur von Texas. Man lasse noch ein paar Beziehungen spielen, arrangiere ein entsprechendes Werbe-Tam-Tam, bringt die Massen mit ordentlich jovialem Blabla und ein wenig Wild-West-Romantik in Stimmung, hier und da manipuliere man noch ein wenig die Wahlergebnisse und schon haben wir einen neuen, frischgebackenen Präsidenten. Hurra Amerika, es lebe das unbegrenzte Land der beschränkten Möglichkeiten.

Zu einer anderen Zeit hätte George W. Bush nie Präsident werden können! Er ist Teil einer katastrophalen Krise für die USA und leider auch für die Welt. Wenn er im Moment diese Position für die USA auch optimal widerspiegelt, so fehlen ihm doch die Anlagen, um mit Weitsicht und Weisheit ein Land zu führen. Die oben beschriebenen Minderwertigkeitskomplexe werde im normalen Umgang durch überhebliches, protziges bis arrogantes Verhalten überspielt, denn leider spiegeln sich der Aszendent im Löwen mit dem Herrscher (Sonne) im 12. Haus und die starke Löwebesetzung im 1. Haus in diesem Horoskop nur durch laienhaftes Showgehabe. Die Venusstellung im Löwen in Haus 1 zeigt uns, dass er mindestens genauso viele sexuelle Fehltritte hat, wie ein Bill Clinton. Die Ehefrau wird da schon mal vergessen, wie wir am Herr von 7 in 12 sehen. Aber wen interessiert das schon, wenn genug andere Sachen in der Weltpolitik passieren? Die Ehefrau ist im übrigen auch mit den beruflichen Aktivitäten ihres Göttergatten nicht immer so ganz einverstanden. Die Saturnstellung im 12. Haus zeigt, dass Bush jegliche Selbstdisziplin und Verantwortungsbewusstsein fehlen. Als Herrscher des 6. Hauses weist Saturn in 12 auf eine Person hin, die verloren im Chaos ist und keinen Ordnungssinn hat. Lediglich die Marsstellung in der Jungfrau kann hier noch ein wenig Ordnung rein bringen, auf Kosten eines sehr schwachen Antriebs. Der Herrscher des dritten Hauses (Merkur) in Konjunktion mit Pluto, zudem im Löwen im ersten Haus, zeigt ein sehr machtbezogenes, nahezu diktatorisches Denken. Eine Konstellation die in naher Zukunft leider mehrfach aktiviert wird und von diesem Mann noch einige üble Überraschung erwarten lässt. Speziell im September 2002, sowie May 2003 kommt es zu enormen psychischen Umwälzungen bei unserem US-Präsidenten, die Anflüge von kompensatorischen Größenwahn und heroische Machtdemonstrationen zwecks Ausdehnung des eigenen Einflussbereiches hervorrufen könnten. Man kann dies psychologisch verstehen und es wäre auch nicht weiter schlimm, wenn es sich hier nur um einen pupertierenden Jugendlichen handeln würde, leider jedoch ist es das Horoskop des derzeitigen amerikanischen Präsidenten. Pluto im 1. Haus, noch dazu im Löwen spiegelt eine Persönlichkeit, die Ihre

Umwelt grundlegend verändern will, zur Not auch mit Gewalt. Im Fall Bush kann man nur sagen, dieser Mann wird vor nichts zurückschrecken und wenn er sein eigenes Land in die Luft jagen muss.

Natürlich hat auch er gelernt, dass er sich in der öffentlichen Weltpolitik anders Präsentieren muss als oben beschrieben. Ein glänzender Redner, der mit dem Wort die Stimmung der Massen beeinflussen kann, ist er durchaus, wie wir an der Stellung des Jupiter mit Mond im 3. Haus und der Stellung des Merkurs als Herr von 3 und 11 in 1 sehen. Auch sind gewisse Anlagen da, die auf diplomatisches Geschick hinweisen. Wie wir an der Besetzung des Zeichens Waage sehen. Allerdings stehen diese für einen Politiker eigentlich guten Anlagen unter einer schlechten Grundabsicht.

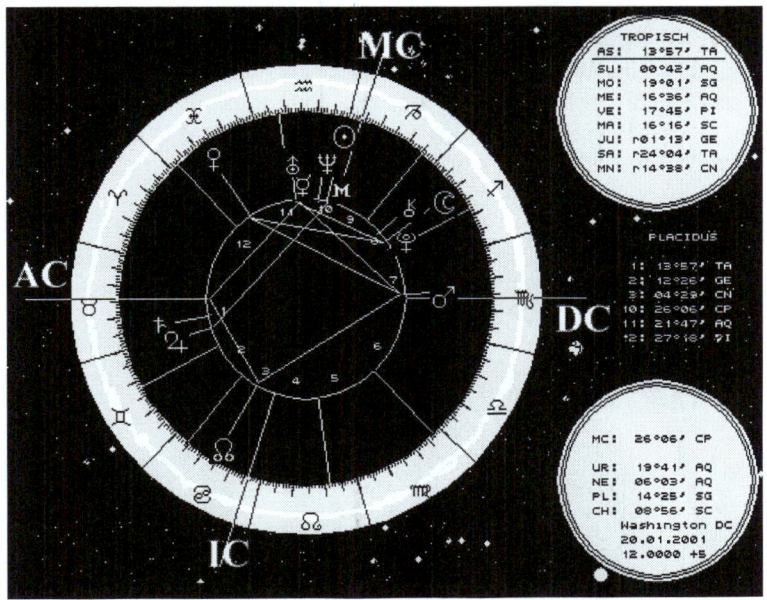

Amtseid Präsident George W. Bush

Ein Zeichen der Zeit ist es, dass zum Zeitpunkt der Amtseinschwörung am 20.01.2001 der Pluto den Aszendenten der USA überschreitet. Damit war klar, die Persönlichkeit des Landes, das bedeutet das Ansehen und Auftreten vor der Weltöffentlichkeit und die Rolle der USA in der Weltpolitik, werden massiv transformiert werden. Seit diesem Tag wird Amerika von einem Mann regiert, der selbst die gleiche Konstellation von Pluto und Aszendent, sogar in Verbindung mit Merkur, im Geburtshoroskop hat! Dieser Mann war von Anfang an eine tickende Zeitbombe für die Welt! Wenn er auch nur die Außenseite des

97

Wespennestes darstellt, so ist er doch kein gutes Vorzeichen! Vergleichen wir sein Horoskop mit dem Horoskop der Vereinigten Staaten, sehen wir sehr enge Verknüpfungen, welche die Situation astrologisch widerspiegeln. Der Radix-Uranus mit dem Mondknoten von Bush macht hier eine Konjunktion mit dem Mars im Horoskop der Vereinigten Staaten. Diese Konstellationen waren von Anfang an schicksalhaft mit der Zukunft des Landes verbunden und es lag von Anfang an in seiner Absicht Krieg zu führen! Gleiches gilt übrigens für seinen Vater und den Golfkrieg! Welcher ebenfalls auf geschickte Weise von Seiten der US-Regierung und dem Bush-Clan provoziert wurde. Eines ist in jedem Fall klar, eine andere politische Führung hätte nie derartig extreme Attentate heraufbeschworen. Die extreme Feindschaft zu Taliban und Al-Qaida haben die USA weitestgehend der unehrenhaften Politik der Familie Bush zu verdanken.

Zusammenfassend kann ich sagen, dass ich überhaupt nichts gegen George W. Bush habe, als Werbe-Cowboy für Marlboro Zigaretten ist er vermutlich eine Wucht, aber als Präsident der Vereinigten Staaten wäre sogar Donald Duck ein größerer Segen. Man muss in jedem Fall ganz klar sehen, dass eine erheblich viel größere Gefahr für die Welt von diesem Mann ausgeht, als von einem Bin Laden.

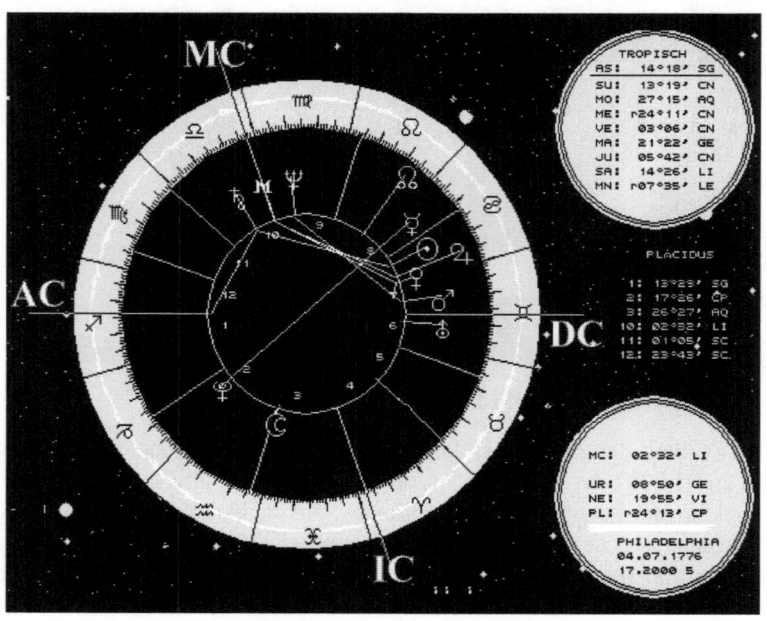

Erklärung der Unabhängigkeit USA

98

USA und die Projektion des Bösen

Amerika hat als Weltmacht schon immer einen bösen Schatten als Gegenspieler gebraucht. Mal war es die „gelbe Gefahr", mal die „schrecklichen" Russen, dann hat man sich vertragen, die Russen waren plötzlich Freunde, und strategisch gut durchdacht wurde Saddam Hussein zur Verkörperung des Bösen befördert und nun ist es naheliegender Weise Bin Laden und seine Freunde. Ich heiße sicherlich nicht gut, was die Taliban veranstalten, aber wer zu stark von einer Seite blickt, der wird irgendwann über die andere Seite der Realität stolpern und sich die Knochen brechen. Letzten Endes waren es die USA und ihre Geheimdienste selbst, die sich die Taliban herangezüchtet haben, um Afghanistan und seine Bodenschätze gegen die Russen zu verteidigen und dann später über die Taliban an das Öl heranzukommen. Genau zu diesem Zweck hat ein Bin Laden regelmäßig Gelder und Waffen von den US-Geheimdiensten bekommen.

Die europäische Welt sollte vorsichtig sein, denn früher oder später wenn die Taliban-Thematik abgelaufen ist, wird eine neue Projektionsfläche für das Böse gesucht werden. In ferner Zukunft und wenn die Europäische Union irgendwann den Plänen der USA im Weg stehen sollte, könnte sich die Projektion auch auf uns verschieben und zwei neue Supermächte spielen Katz und Maus in einer völlig neu sortierten Weltpolitik! USA gegen die böse EU. Bis jetzt vielleicht noch schwer vorstellbar, zumal die USA ein ganz reges Interesse an einer positiven Beziehung zur EU hat. Aber eben nur, wenn es sie auch kontrollieren kann, das Rad der Zeit aber dreht sich weiter.

Das Gesetz der Dualität arbeitet und dieser ganze Macht-Wahnsinn wird noch so lange weiter gehen, bis wir alle endlich begreifen, dass Gut und Böse in uns selber sind und wir es wie ein Filmprojektor nach außen werfen und immer nur unseren eigenen Schatten bekämpfen und das gilt für alle Seiten! Es gilt für den Einzelnen, sowie für die weltpolitischen Einheiten. Solange wir noch meinen, das Böse in einer anderen Gruppierung oder Person sehen zu müssen, um dadurch unsere eigene Großartigkeit oder gar Göttlichkeit zu unterstreichen, sind wir fern ab von der Wahrheit.

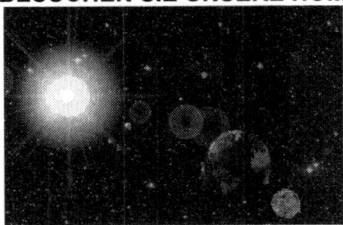

Natürlich war der Anschlag auf das WTC schrecklich, aber alles hat seine Ursache. Nichts geschieht ohne Grund. Die USA hat eine Vergangenheit. Sie sind in die Vorgänge verstrickt, wie eine Spinne im eigenen Netz! Die Vereinigten Staaten von Amerika sind bei weitem nicht so unschuldig was diese Katastrophe angeht, wie der Großteil der Weltbevölkerung immer noch glaubt. Es wäre schön, wenn die Verantwortlichen endlich aufhören würden, Kindergarten zu spielen und begreifen, dass wir alle auf diesem Planeten miteinander auskommen müssen.

Ich halte es für wichtig, sich zu erinnern, dass der eigentliche Gegner der USA nicht der Islam oder Muslime sind! Leider baut die Politik der USA unterschwellig bei vielen Menschen ein Feindbild auf, welches viele friedliche, gläubige Menschen zu Unrecht belastet. Genau genommen ist das Gesetz des Islams die Scharia, die nur in bestimmten Notlagen zur Verteidigung ausgerufen werden darf. Die Verteidigung des Islams ist zwar kein fundamentaler Grundsatz, dennoch wird ihre Notwendigkeit wiederholt im Koran und den Überlieferungen des Propheten betont. >>*Jeder Krieg ist im Islam verboten, wenn er nicht für eine gerechte Sache, die durch göttliches Gebot befohlen ist, geführt wird.*<< Leider liegt in den Formulierungen des Korans oft eine breite Projektionsfläche für Extremisten und Fanatiker. Dennoch ist ein Dschihad kein offensiver Krieg. Er ist nur erlaubt, um sich gegen aggressive Mächte zu wehren, die das Leben bedrohen. >>*Werden die Muslime überfallen, dürfen sie sich nicht nur verteidigen, sondern sie haben sogar die Pflicht dazu. Das Schweigen und Hinnehmen einer Aggression wäre nämlich selbst eine Art Aggression, denn es würde bedeuten mitzuhelfen, Gerechtigkeit und Frieden zu beseitigen.*<< Ein wichtigen Grundsatz im Koran ist >>*unterdrückt nicht und lasst euch nicht unterdrücken!*<< (Sure 2, 272) Nun bin ich selbst überzeugter Pazifist, aber wenn wir überhaupt über kriegerische Handlungen reden müssen, dann ist dieser in Sure 2, 272 dargelegte Grundsatz durchaus eine faire und ritterliche Grundeinstellung zum Krieg, denn würden sich alle Völker dieser Welt an diesen einen Grundsatz halten, dann würde es keine Unterdrückung und somit auch keinen Krieg geben! Auch steht in dieser Sure ja eigentlich nicht, dass man unbedingt Krieg führen soll, sondern lediglich das man sich nicht unterdrücken lassen soll. Es gibt in der Regel viele Wege das zu erreichen. >>*Das ein Krieg geführt werden könnte, um die Menschen zum Islam zu zwingen, ist gänzlich unmöglich; denn die Religion selbst erklärt ihn als gottlos.*<< *(M.Hamidullah, Der Islam – Geschichte, Religion, Kultur / Islamisches Zentrum Aachen, Aachen 1983, S. 235)* Der Koran selbst ist also nicht aggressiv, aber selbst das schönste Liebesgedicht kann als eine Aufforderung zum Krieg betrachtet werden, wenn es von einem fehlgeleiteten Menschen gelesen wird. Wir müssen also unbedingt unterscheiden zwischen gläubigen Muslimen und fehlgeleiteten

Fanatikern, die schon in einer anderen Kulturform oder einem anderen Glauben eine aggressive, bedrohliche Macht sehen! Es mag ein paar von dieser Sorte geben und ich bin überzeugt davon, dass der Prophet als erleuchtetes Wesen ein solches Verhalten als allerletztes gewollt hätte.

Den Fanatikern kann ich nur sagen: Wenn hundert Straßen zum Marktplatz führen, so ist es am Ende egal, über welche ihr gekommen seid, wenn ihr den Marktplatz erreicht habt. Alle Religionen sollten in Frieden nebeneinander existieren können. Es mag sein, dass sie an der Oberfläche und in ihrer Terminologie verschieden sind, aber das Ziel aller Religionen ist Gott, der eine Gott zu dem ihr betet. Die absolute Wahrheit Gottes aber ist Liebe, da ist kein Platz für Gewalt, Zorn und Krieg. Der Koran an sich ist gut und heilig, aber hört auf, ihn mit dem begrenzten Auge der Sterblichkeit zu lesen, nicht alles ist eine Aufforderung zum Krieg. Hass und Zorn sind Hindernisse auf dem Weg zur Gotterkenntnis, egal welchem Weg wir folgen, Atheisten eingeschlossen! Für alle gelten die gleichen Gesetze. Wenn ihr Schmerz in die Welt säht, dann werdet ihr Schmerz ernten. Aus Hass und Zorn kann nur Hass und Zorn geboren werden, aber kein Paradies! Es gibt nur einen einzigen Krieg der heilig ist, und das ist der Krieg gegen die eigenen inneren Charakterschwächen.

Jeder Druck erzeugt Gegendruck. Oder wie ein altes chinesisches Sprichwort sagt: *Wenn man das Böse mit dem Bösen bekämpft, dann triumphiert das Böse*. Das Böse aber wird nicht dadurch gerechtfertigt, dass ihm Böses voraus ging! Es ist dadurch nicht weniger verwerflich. Noch viel schlimmer ist es, zu provozieren bis es einfach platzen muss und es dann anzuklagen und seine eigenen Gräueltaten damit zu rechtfertigen. Liebe US-Regierung, Verbrechen werden nicht dadurch besser, dass man sie mit einer Krawatte unter dem Deckmantel des menschlichen Beistandes oder zum angeblichen Schutz der Weltöffentlichkeit vor Terroristen durchführt! Mag sein, dass ihr Menschen täuschen könnt, aber das Auge der Wahrheit sieht alles! Es sieht eure geheimsten Gedanken und wird euch zu gegebener Zeit mit eurer eigenen Schöpfung konfrontieren, dann werdet ihr zur Rechenschaft gezogen und nach euren eigenen innersten Gesetzen verurteilt! Wenn ihr immer noch im Gesetz des Dschungels lebt, dann müsst ihr damit rechnen, gefressen zu werden. Denn das Rad der Zeit wird sich weiter drehen und wer jetzt oben steht, wird irgendwann in die Tiefe geschleift werden und die Kehrseiten seiner Philosophie durchleben müssen. Also überdenkt eure Wertesysteme und verhaltet euch auch den Schwächeren gegenüber fair. Wenn ihr die Welt vereinen wollt, bitte, aber tut es friedlich durch Überzeugung, Hilfe und Gemeinschaft, nicht durch Vergewaltigung.

Verbrechen werden ebenso wenig dadurch besser, dass man sie im Namen Gottes tut. Ein Verbrechen, welches man im Namen Gottes durchführt, ist ein Verbrechen gegen Gott! Die, welche ihr eure Feinde nennt, sind auch seine Kinder. Gott bevorzugt keine bestimmte Religion, er schaut auf das, was in euren Herzen ist. Wenn er dort nur Hass und Gewalt findet, egal gegen wen oder was, dann wird er euch keine andere Welt bieten können, als eine des Hasses und der Gewalt. Tausend Atheisten kommen eher ins Paradies als ein solcher Heiliger, der Angst und Schrecken verbreitet. Gott kämpft nicht, Gott ist ausgeglichen, immer in Harmonie, jenseits der Gegensätze, vollkommen, eins.

Erst wenn wir alle gelernt haben, uns unabhängig von Rasse, Weltanschauung, spirituellen Anschauungen, Entwicklungsstand und Vergangenheit als gleichwertig zu respektieren, wird die Gattung Mensch für die verbleibende Zeit auf unserem Planeten die Reife erlangen, in Harmonie miteinander zu leben! Es ist leicht, immer anderen die Schuld zu geben, statt bei sich selbst für den Teil der Schuld zu suchen, der zu einer unerwünschten Erfahrung geführt hat und auch das gilt immer für alle Seiten. Auch für 2003 wird es gelten. Wie sagte schon Laotse:

Wer andere erkennt, ist gelehrt. Wer sich selbst erkennt, ist weise.

Wer andere besiegt, hat Muskelkräfte.Wer sich selbst besiegt, ist stark.

Wenn wir alle dies beherzigen, dann können wir vielleicht gemeinsam eine neue Welt schaffen. Eine Welt, in welcher der Stärkere dem Schwächeren hilft, statt ihn zu benutzen, auszubeuten und auf ihm herumzutrampeln. Eine Welt, in welcher jeder Einzelne an das Wohl des Ganzen denkt und dadurch automatisch vom Ganzen getragen wird. Eine Welt, die von Liebe regiert wird und nicht von Hass, Macht- und Besitzdenken. Dann könnten wir so etwas wie eine vereinigte Menschheit bilden. Das ist eine Vision jenseits unserer erbärmlichen Egos, jenseits von Ländergrenzen, Religionen, Ideologien, Besitz- und Machtansprüchen oder sonstigen Unterteilungen, die sich der menschliche Intellekt ausgedacht hat. Eine Vision, die ein Leben auf diesem Planeten für alle lohnenswert machen könnte, und es ist an uns allen, daran zu arbeiten. Wir sind die Welt und die Welt ist das, was wir daraus machen.

Ich wünsche in diesem Sinne **allen** Menschen Frieden, Liebe und Einsicht.

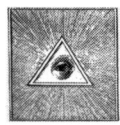

GLOSSAR

Epizentrum – Das Zentrum eines Erdbebens.

Gravitation – [Latein: Massenanziehung] nach dem von Newton aufgestellten Gravitationsgesetzt ziehen sich alle Körper aufgrund ihrer Masse gegenseitig an. Die Gravitation der Erde ist gleichzusetzen mit der Schwerkraft. Von allen Körpern geht ein Gravitationsfeld aus, bei Körpern mit geringer Masse ist dies jedoch entsprechend schwach.

Jyotish-Pandit – Gelehrter der vedischen Astrologie (Jyotish)

Magnitude – Die Stärke von Erschütterungen, die auf der Richterskala gemessen werden.

Mundanastrologie - Zweig der Astrologie, der sich mit dem allgemeinen Weltgeschehen beschäftigt.

Radix – Kurzform für Radix-Horoskop=Geburtshoroskop eines Menschen.

Newton, Sir Isaac – [englischer Physiker, Mathematiker, Astronom, Alchimist und Philosoph] 04.01.1643 – 31.03.1727 gilt als einer der Mitbegründer der exakten Naturwissenschaften. Er entdeckte die Gravitation, arbeitete aber unter anderem auch an der Erforschung des Lichts und der Mechanik (Himmelsmechanik, Newtonsche Axiome).

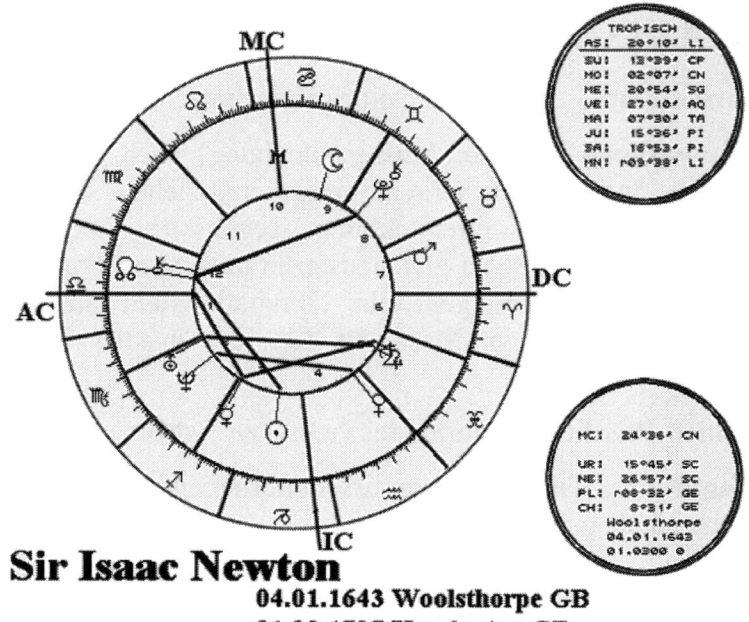

TROPISCH
AS: 20°10' LI
SU: 13°39' CP
MO: 02°07' CN
ME: 20°54' SG
VE: 27°10' AQ
MA: 07°30' TA
JU: 15°36' PI
SA: 18°53' PI
MN: ſ09°38' LI

MC: 24°36' CN
UR: 15°45' SC
NE: 26°57' SC
PL: ſ00°32' GE
CH: 8°31' GE
Woolsthorpe
04.01.1643
01.0300 0

Sir Isaac Newton
04.01.1643 Woolsthorpe GB
31.03.1727 Kensington GB

Newtons Horoskop zeigt einen sehr intuitiven Zugang zu den Naturwissenschaften an, gepaart mit enormen, intellektuellen Kräften. Sein Weltbild war geprägt von Mystik, Philosophie und Alchimie. Die starke Besetzung der Jupiterbeherrschten Zeichen weist hierauf hin, ebenso wie die Mondstellung im Krebs. Newton war in einer Vollmondphase geboren. Derartige Geburten zeigen immer eine enorm starke Grundpersönlichkeit an, die sich in jedem Fall durchsetzen wird. Außerdem sehen wir, dass Newton viele offene Feinde hatte. Mars steht im 7. Haus, andere werden von solchen Horoskopeignern oft als sehr bedrohlich empfunden. In Newtons Fall ist auch klar warum. Er reformierte die geltenden wissenschaftlichen Paradigmen und das Weltbild seiner Zeit grundlegend. So etwas geschieht nie ohne Konflikte mit den Verfechtern der alten Ansichten. Doch haben diese Streitereien mit seinen Gegnern sich letztendlich gelohnt. Viele seiner Erkenntnisse gelten auch heute noch als Grundlage der exakten Naturwissenschaft.

Richter, Charles Francis – [Seismologe/Geologe] erstellte Arbeiten über den Aufbau der Erde und war maßgeblich an der Erdbebenforschung beteiligt. 1935 führte er die Richter Skala ein.

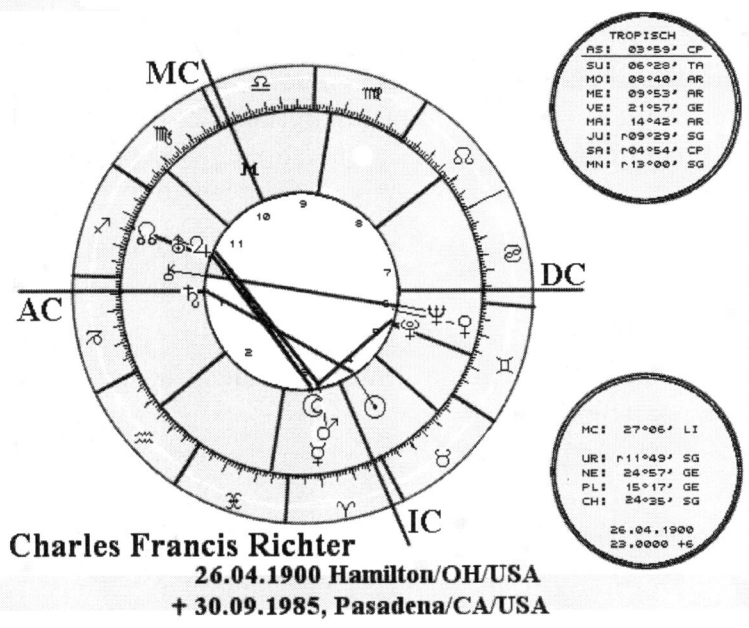

Charles Francis Richter
26.04.1900 Hamilton/OH/USA
✝ 30.09.1985, Pasadena/CA/USA

Richters Horoskop weist eine genaue Konjunktion zwischen Aszendent und Saturn mit starker Spannung zu Mond und Merkur im Widder auf. Saturn steht klassisch für alles erstarrte, Gestein, Widerstände, Erde. Die starke 3. Hausbesetzung, sowie die Stellung des Herrschers von 10 im 6. Haus im Zeichen Zwillinge, zeigen sehr gut ausgeprägte analytische Fähigkeiten und eine starke Betonung der Funktionen der linken Gehirnhälfte. Das Venus als Herr von 10 in Konjunktion mit Neptun steht, sowie die auffällige Konjunktion zwischen Uranus, aufsteigendem Mondknoten und Jupiter zeigt eine besondere Beziehung Richters zu den Erdbebenhauptsignifikatoren. Auch die Steinbockbetonung mit der Saturnstellung im Trigon zur Sonne zeigt Richters enge Verbindung zum Thema.

Richterskala – von Charles Richter 1935 eingeführte Skala zur Messung der Stärke von Erdbeben.

Seismograph – Gerät zur Aufzeichnungen von Erdbebenwellen auf Papierstreifen oder Magnetband in Form sogenannter Seismogramme.

Stundenastrologie - Zweig der Astrologie, der sich mit der Beantwortung konkreter Fragen aufgrund der zum Moment der Fragestellung aktiven Konstellationen beschäftigt und aus diesen die weitere Entwicklung einer Situation ableitet.

Tektonik – Lehre vom Aufbau und den Bewegungen der Erdkruste

T-Quadrat – Aspektgefüge bei dem zwei Faktoren in Opposition stehen und ein dritter zusätzlich im Quadrat zu beiden gestellt ist.

Literaturverzeichnis

Die Welt nach dem 11. September	*Alain de Benoist*	**(ISBN 3-89180-065-7)**
Die geheime Geschichte der Amerikanischen Kriege	*Mansur Kahn*	**(ISBN 3-87847-174-2)**
Im Namen des Staates	*Andreas von Bülow*	**(ISBN 3-492-23050-4)**

ISBN 3-8311-3279-8

69 €

(Inklusive 30 € Gutschein für Astrologiesoftware)

- Beispielhoroskope prominenter Persönlichkeiten
- aktuelle Prognosen

- viele Zeichnungen zur Veranschaulichung

EINWEIHUNG IN DIE SPIRITUELLE ASTROLOGIE

Vergessen Sie alles, was Sie bislang über Astrologie gehört oder gelesen haben, dieser Kurs kann ihr Weltbild komplett verändern. Lernen Sie die Grundtechniken und Grundzusammenhänge des astrologischen Sehens kennen, die Sie auf diese Art in keinem anderen Werk auf dem Markt erklärt finden werden! Erkennen Sie selbst, wie Schicksal wirklich entsteht.

- Überblicken Sie Entwicklungen in Vergangenheit, Gegenwart und Zukunft.

- Entwickeln Sie eine absolut genaue, seherische Menschenkenntnis. Auf den ersten Blick!

- Lernen Sie zu erkennen, wie astrologische Konstellationen das Aussehen eines Menschen widerspiegeln! So dass Sie sogar ohne Horoskop astrologische Einflüsse treffsicher wahrnehmen können.

- Durchschauen Sie mental Absichten, Gefühle und Gedanken anderer!

- Empfangen Sie den Schlüssel zur Elementebeherrschung, bestimmen Sie dadurch ihr Schicksal bewusst selbst, und wirken Sie verändernd auf Zustände und Situationen ein.

- Nutzen Sie dieses uralte Wissen, um die Kräfte zu kontrollieren, die Ihr Schicksal bestimmen!

Dieser Kurs legt nicht nur den praktischen Teil offen dar, sondern geht gezielt auf höhere Erkenntnisse ein, die notwendig sind, um Astrologie erfolgreich zu betreiben. Erkennen Sie die spirituelle Zusammensetzung des Tierkreises bis hin zu den Urelementen, lernen Sie anhand von bewusstseinsverändernden Übungen, Ihr Schicksal bewusst zu beeinflussen und den Rhythmus der Natur zu nutzen, um alles zu erreichen, was Sie schon immer erreichen wollten!

- Einführung in die Erstellung und Deutung von Horoskopen nach altindischen Techniken

- Wie man eine Lebensübersicht erstellt, aus welcher man sein Leben wie aus einem Buch ablesen kann

- Wie man den Namen, den man von seinen Eltern bekommen hat, aus dem Geburtshoroskop lesen kann!

- Beispielhoroskope prominenter Persönlichkeiten

- Funktion und Arbeitsweisen der legendären Palmenblattbibliotheken

In Vorbereitung

Erstmals auf dem deutschsprachigem Markt ein ausführlicher mehrbändiger Kursus über indische Astrologie. Der Autor suchte auf seinen Reisen durch Indien nach den Weisen und Meistern dieser alten Lehren. Ein Großteil des Wissens aus Jahrtausende alten Sanskritschriften wurde entschlüsselt und entpuppte sich dabei als anwendbare Arbeitstechniken, die auf erstaunliche Weise Einblicke in unser Leben ermöglichen. Aus dem Inhalt:

PARASHARA JYOTISH

Die Software für indische und westliche Astrologie

- Vargas
- Vimsottari Dasas
- Ashotari Dasas
- Astrologische Uhr
- Zeitstop Funktion
- Progressionen
- Direktionen
- Kombin
- Darstellung modifizierbar

Horoskopdatenbank und viele weitere Funktionen...

99 €

Bestellen sie:
Online unter **Bestellung@astrologon.com**
Telefonisch unter   0 40 / 531 60 000

Der Versand erfolgt ausschließlich per Nachnahme zuzüglich Versandkosten.